BIBLIOTHÈQUE NATIONALE.

Département des Imprimés.

INVENTAIRE

DES

LIVRES ET DOCUMENTS

RELATIFS

A L'AMÉRIQUE

RECUEILLIS ET LÉGUÉS A LA BIBLIOTHÈQUE NATIONALE

PAR

M. ANGRAND.

1887

M. Léonce Angrand, ancien consul général de France, mort à Paris le 11 mars 1886, à l'âge de soixante-dix-huit ans, a légué à la Bibliothèque nationale, par un testament en date du 8 mai 1885, la collection de livres et documents qu'il avait formée sur la topographie et l'histoire de l'Amérique, avec une somme de 60,000 francs, dont les intérêts serviront partie à accroître la collection, qui doit former un fonds distinct portant le nom du donateur, partie à doter un prix quinquennal de 5,000 francs en faveur du meilleur ouvrage sur les langues, l'histoire et les antiquités américaines des temps antérieurs à la découverte de Christophe Colomb.

Un décret en date du 10 janvier 1887 a autorisé la Bibliothèque nationale à accepter le legs de M. Angrand. Toutefois, la liquidation de la succession n'ayant pas permis de disposer immédiatement d'un capital de 60,000 francs, M. le ministre de l'instruction publique a décidé que les fonds réalisés seront placés à la Caisse des dépôts et consignations et tenus en réserve jusqu'au jour où l'accumulation des intérêts aura produit une somme suffisante pour reconstituer un capital qui mette l'administration en mesure de remplir, dans leur intégrité, les intentions du généreux fondateur.

La Bibliothèque nationale n'a pas voulu attendre ce moment, d'ailleurs assez rapproché, pour faire profiter le public du travail et des libéralités de M. Angrand. Elle n'a voulu mettre aucun retard à faire connaître la collection dont elle vient d'entrer en possession. Sur le catalogue qu'on en va lire, on remarquera plus d'un article précieux, dont l'équivalent n'existait pas dans nos anciennes collections.

En tête de ce catalogue nous nous faisons un devoir d'insérer la notice biographique que M. le comte de Charencey a consacrée à son ami et qui a déjà paru dans le *Bulletin des bibliothèques et des archives, publié sous les auspices du ministre de l'instruction publique.*

« Depuis l'époque de Humboldt, le nombre des savants qui se sont occupés de l'étude de l'Amérique ancienne a été très restreint. L'Orient, jusqu'à ce jour, semble avoir gardé le privilège de concentrer sur lui les recherches de l'érudition ; aussi devons-nous savoir un gré tout particulier à ces hardis pionniers, qui, ouvrant une voie nouvelle, ont entrepris la tâche méritoire d'éclairer le mystère des origines américaines. Parmi eux, il convient de citer en première ligne le regretté M. Angrand, enlevé, dans le cours de l'année 1886, à la fois à la science et à l'affection de tous ceux qui l'ont connu.

« Sans doute, il n'a jamais écrit de gros volumes, et ses publications, en fait d'archéologie du nouveau monde, se réduisent à peu près à sa *Lettre à M. Daly sur les antiquités de Tiaguanaco.* Ce mémoire, qui ne contient que quelques pages, mérite cependant d'être considéré comme l'une des œuvres les plus importantes qui aient jamais été faites sur l'histoire et l'ethnographie du nouveau continent. On est effrayé de la masse de recherches et de lectures que suppose un travail de ce genre. Une prodigieuse érudition s'y associe à la critique la plus sévère à la fois et la plus judicieuse. M. Angrand y éclaire d'un jour tout nouveau la question, si obscure jusque-là, de l'origine ou plutôt des origines des civilisations américaines.

« Notre auteur y constate le premier qu'elles se rattachent toutes à deux types bien caractérisés et doivent naissance à un double courant, celui des Toltèques occidentaux ou têtes droites, et celui des Toltèques orientaux ou têtes plates. Du premier découle la civilisation des Mexicains et celle des premiers civilisateurs de la Bolivie; du second dépendent les Mayas du Yucatan, ainsi que les Péruviens proprement dits et les anciens *Mount-Builders* des États-Unis.

« Chacun de ces deux groupes se trouve caractérisé par un ensemble de croyances, de symboles, de procédés artistiques qui lui sont propres, sans compter, bien entendu, l'usage de certaines déformations crâniennes artificielles. Ainsi les occidentaux accorderont dans leur mythologie la prééminence au principe féminin, tandis que le principe mâle domine dans la mythologie des orientaux; le nombre trois constitue, pour ainsi dire, le nombre politique sacré sur le plateau d'Anahuac, par opposition au nombre quatre qui joue un rôle analogue chez les Mayas et les Péruviens. — La doctrine occidentale admettait cinq âges du monde et les Yucatèques en reconnaissaient quatre seulement.

« Il ressort des données recueillies par M. Angrand que les courants en question avaient cependant eu presque le même berceau : tous deux ont dû partir de la côte nord-ouest de l'Amérique du Nord. Ce phénomène ne serait-il pas bien de nature à justifier l'opinion de ceux qui admettent une origine asiatique pour la civilisation du nouveau monde?

« Né à Paris, en 1808, d'une famille des plus honorables, M. Angrand entra dans la carrière diplomatique en 1830, comme secrétaire particulier de M. Bertin de Vaux, ambassadeur à La Haye. De retour en France, il fut nommé vice-consul d'abord à Cadix, puis à Lima. En 1844, des difficultés graves ayant éclaté entre la France et le Maroc, une expédition fut résolue, et M. Angrand contribua puissamment au succès de nos armes par son zèle, son intelligence et son incroyable activité; on le récompensa, sur la demande de l'amiral prince de Joinville, par la croix d'officier de la Légion d'honneur.

« En 1845, M. Angrand était promu consul général et chargé d'affaires en Bolivie, pour passer, en 1851, en la même qualité au Guatemala.

« Tout en remplissant ses fonctions publiques de manière à se concilier l'estime et la sympathie des étrangers aussi bien que de ses compatriotes, M. Angrand trouva encore moyen de consacrer une partie notable de son temps à des recherches scientifiques. Il avait rapporté de Bolivie notamment une précieuse collection de coquilles tant marines que terrestres. Enfin, le dernier acte de la vie de M. Angrand lui fut encore dicté par le patriotisme le plus éclairé et le plus ardent. Non content de donner à la Bibliothèque nationale une précieuse collection d'ouvrages relatifs à l'Amérique, il a tenu à léguer une somme importante pour la fondation d'un prix d'américanisme. Ce sera, croyons-nous, le premier de ce genre qui ait été institué, non seulement en France, mais peut-être dans le monde entier.

« Les importants travaux qu'il laisse manuscrits, destinés à une impression posthume, seront, nous osons l'espérer, par leur publication, un véritable événement scientifique ; ils attesteront la profonde érudition et la pénétrante critique de cet homme de bien, dont toute la vie fut consacrée à servir son pays et la science. »

BIBLIOTHÈQUE NATIONALE.

Département des Imprimés.

INVENTAIRE

DES

LIVRES ET DOCUMENTS

RELATIFS A L'AMÉRIQUE

RECUEILLIS ET LÉGUÉS A LA BIBLIOTHÈQUE NATIONALE

PAR

M. ANGRAND.

1887

A nuestros Compatriotas del Salvador. (Enero de 1863.) — *(S. l. n. d.,)* in-fol. Pièce. [P. Angrand. **51**

(Manifeste contre don Gerardo Barrios.)

Abbad (Don Iñigo). — Historia geografica, civil y politica de la isla de San Juan Bautista de Puerto-Rico. Dala a luz don Antonio Valladares de Soto Mayor. Impresa en Madrid, año de MDCCLXXXVIII. — *Puerto-Rico, D. Valeriano de Sanmillan*, 1831, in-8°. [P. Angrand. **601**

(L'auteur est don Inigo Abbad, d'après Rich et la préface de l'éditeur. — Un premier titre porte : *Memorias geograficas, historicas, economicas y estadisticas de la isla de Puerto-Rico, escritas por D. Pedro Tomas de Cordoba,... Tomo I.*)

Abeja (La) Paceña. — *Paz de Ayacucho, imp. Pacena*, in-fol. [P. Angrand. **137**

(N° du 31 octobre 1846.)

Acosta (Joaquin). — Compendio historico del descubrimiento y colonizacion de la Nueva Granada, en el siglo décimo sexto, por el coronel Joaquin Acosta. — *San German en Laye, imp. de Beau*, 1848, in-8°. [P. Angrand. **602**

Acosta (Le P. Joseph de). — De promulgando evangelio apud barbaros, sive de procuranda Indorum salute libri sex, authore Josepho Acosta,... Editio novissima. — *Lugduni, sumptibus Laurentii Anisson*, 1670, in-8°. [P. Angrand. **603**

Acosta (Le P. Joseph de). — Historia natural y moral de las Indias... por el padre Joseph de Acosta,... Sexta edicion... — *En Madrid, por Pantaleon Aznar*, 1792, 2 vol. in-4°. [P. Angrand. **301-302**

Actes de la Société philologique. — *Paris, imp. de D. Jouaust*, 32 fascicules in-8°. [P. Angrand. **604**

(Tome Ier, 1869-1872, 5 fascicules.
— II, 1871, 1 id.
— III, 1873-1874, 6 id.
— IV, 1874, 8 id.
— V, 1875, 3 id.
— VI, 1876, 4 id.
— VII, 1877, 2 id.
— XI, 1880, 2 id.
— XIII, 1883, 1 id.)

Advertencia. (Signé : Un Tábano. [Guatemala, octubre 10 de 1862.]) — *San Salvador, imp. del gobierno*, (s. d.,) in-4°. Pièce. [P. Angrand. **303**

(Réfutation des attaques dirigées contre la République de Salvador par le P. Arroyo, professeur de droit canon à l'Université de Guatémala.)

Agueros (Pedro Gonzalez de). — Descripcion historial de la provincia y archipielago de Chilôe, en el reyno de Chile y obispado de la Concepcion... por el padre fray Pedro Gonzalez de Agueros,... — *(Madrid,) en la imprenta de don Benito Cano*, 1791, in-4°. [P. Angrand. **304**

Airiau (A.). — Canal interocéanique par l'isthme du Darien, Nouvelle-Grenade (Amérique du Sud). Canalisation par la colonisation. — *Paris, France*, 1860, in-8°. [P. Angrand. **605**

(La dédicace est signée : *A. Airiau.*)

Al Publico. (San Salvador, febrero 13 de 1863.) — *(S. l.,) imp. del gobierno*, (s. d.,) in-4°. Pièce. [P. Angrand. **305**

(Manifeste contre le général R. Carrera.)

Al Sr don Manuel Irungaray,... con motivo de haberle conferido su santidad el papa Pio IX la condecoracion de caballero gran cruz de la distinguida orden de San Gregorio Magno. (Signé : Un cristiano viejo. [Febrero 13 de 1863.]) — *(San Salvador,) imp. del gobierno*, (s. d.,) in-8°. Pièce. [P. Angrand. **606**

Albertini (Luis-E.). — Exposition universelle. Le Pérou en 1878, notice historique et statistique, suivie du catalogue des exposants, par Luis-E. Albertini,... — *Paris, imp. nouvelle*, 1878, in-8°. Pièce. [P. Angrand. **607**

Alcala-Galiano (Dionisio). — Memoria sobre las observaciones de latitud y longitud en el mar, por D. Dionisio Alcala-Galiano,... — *(Madrid,) en la imprenta de la viuda de D. Joachin Ibarra*, 1796, in-4°. [P. Angrand. **308**

Alcala-Galiano (Dionisio). — Relacion del viage hecho por las goletas *Sutil* y *Mexicana*, en el año de 1792, para reconocer el estrecho de Fuca, con una introduccion en que se da noticia de las expediciones executadas anteriormente por los Españoles en busca del paso del noroeste de la América. — *En Madrid, en la Imprenta real*, 1802, in-4°. [P. Angrand. **306**

(Par don Dionisio Alcala-Galiano, d'après Sabin.)

Alcedo (Don Antonio de). — Diccionario geográfico-histórico de las Indias Occidentales ó América, es a saber : de los reynos del Perú, Nueva España, Tierra Firme, Chile, y nuevo reyno de Granada... escrito por el coronel don Antonio de Alcedo,... — *Madrid, en la imprenta de Benito Cano*, 1786-1789, 5 vol. in-4°. [P. Angrand. **309-313**

Alegre (Le P. Francisco Javier). — Historia de la Compañia de Jesus en Nueva España, que estaba escribiendo el P. Francisco Javier Alegre al tiempo de su espulsion. Publicala, para probar la utilidad que prestara a la America mexicana la solicitada reposicion de dicha compañia, Carlos Maria de Bustamente, individuo del supremo poder conservador. — *Mexico, imp. de J. M. Lara*, 1841-1842, 3 vol. in-8°. [P. Angrand. **608-610**

Almanaque politico y de comercio de la ciudad de Buenos Ayres, para el año de 1826, contiene lo que es relativo al gobierno, a los ministerios, administraciones, sean públicas... Año primero. Redactado por J. J. M. Blondel. — *Buenos Ayres, en la imprenta del Estado*, 1825, in-8°. [P. Angrand. **611**

Alvarez (Don Jervasio). — Guia historica, cronologica, politica y eclesiastica del departamento de Ayacucho para el año 1847, compuesta por don Jervasio Alvarez,... — *(S. l.,) imp. de Bernabe Parra*, (s. d.,) in-12. [P. Angrand. **612**

American (The) Year-Book and national register for 1869, astronomical, historical, political, financial, commercial, agricultural, educational, and religious, a general view of the United States, including every department of the national and state governments, together with a brief account of foreign States... Edited by David N. Camp. Vol. I. — *Hartford, O. D. Case and C.*, 1869, in-8°. [P. Angrand. **613**

Amérique. — (Recueil d'articles relatifs à l'Amérique, découpés dans des journaux français ou conservés avec le n° entier, du 13 juin 1862 au 3 mai 1882.) — In-fol. plié in-8°. [P. Angrand. **614**

Amérique. — (Recueil de « Bulletins de la Société de géographie » relatifs à l'Amérique.) — *Paris, Arthus-Bertrand*, 1832-1872, in-8°. [P. Angrand. **615**

Amich (Le P. José). — Compendio historico de los trabajos, fatigas, sudores y muertes que los ministros evangelicos de la serafica religion han padecido por la conversion de las almas de los gentiles, en las montañas de los Andes pertenecientes a las provincias del Peru... escrito por el P. Fr. José Amich,... Van en seguida noticias historicas sobre las missiones en la Republica de Bolivia, por el P. Ceferino Mussani,... — *Paris, Rosa y Bouret*, 1854, in-12. [P. Angrand. **616**

Annales de philosophie chrétienne, recueil périodique... dirigé par M. A. Bonnetty,... Quarantième année, VIe série, tome Ier, n° 4, avril 1870, 80e volume de la collection. — *Paris, aux bureaux des « Annales de philosophie chrétienne »*, 1869, in-8°. [P. Angrand. **617**

Annuaire du comité d'archéologie américaine, publié, sous la direction de la commission de rédaction, par les secrétaires, 1866-67. (N° II.) — *Paris, 47, quai des Augustins*, in-8°.
[P. Angrand. **618**

Annual Report of the board of regents of the Smithsonian Institution, showing the operations, expenditures and condition of the institution for the year 1866. (February 26, 1867.) — *Washington, government printing office*, 1867, in-8°. [P. Angrand. **619**

(House of representatives, 39th congress, 2d session, Mis. Doc. n° 83.)

Anson (George). — Voyage autour du monde, fait dans les années MDCCXL, I, II, III, IV, par George Anson, présentement lord Anson, commandant en chef d'une escadre envoyée par Sa Majesté Britannique dans la mer du Sud, tiré des journaux et autres papiers de ce seigneur et publié par Richard Walter,... Traduit de l'anglais. — *Genève, H.-A. Gosse et Cie*, 1750, in-4°.
[P. Angrand. **315**

Ansted (David T.). — The gold-seeker's Manuel, being a practical and instructive guide to all persons emigrating to the newly-discovered gold regions of California, by David T. Ansted,... — *New-York, D. Appleton*, 1849, in-12.
[P. Angrand. **620**

Anville (D'). — Géographie ancienne, abrégée, par M. d'Anville,... Nouvelle édition, revue par l'auteur. — *Paris, Merlin*, 1769, in-fol. [P. Angrand. **52**

Archæologia americana. Transactions and collections of the american antiquarian Society. — *Worcester, Massachusetts, printed by W. Manning*, in-8°.
[P. Angrand. **621-624**

(Tome Ier, 1820.
— II, 1836.
— III, 1857.
— IV, 1860.)

Archives de la commission scientifique du Mexique, publiées sous les auspices du ministère de l'instruction publique. — *Paris, Imp. impériale*, 1865-1867, 3 vol. in-8°.
[P. Angrand. **625-627**

(Tomes I-III.)

Archives de la Société américaine de France, nouvelle série, tome III, partie 2. Annuaire de 1885... — *Paris, E. Leroux*, 1885, in-8°.
[P. Angrand. **628**

(La couverture imprimée sert de titre.)

Arenales (Jose). — Memoria histórica sobre las operaciones e incidencias de la division Libertadora, a las órdenes del gen. D. Juan Antonio Alvarez de Arenales, en su segunda campaña a la sierra del Peru, en 1821, por Jose Arenales,... — *Buenos-Ayres, imp. de la « Gaceta mercantil »*, 1832, in-8°.
[P. Angrand. **629**

Argensola (Bartholome Leonardo de). — Anales de la corona y reino de Aragon, siendo sus reyes Da Juana y D. Carlos,... (12 de deziembre de 1630.) — *En Zaragoza, por Pascal Bueno*, (s. d.,) in-fol. [P. Angrand. **53**

(Livre Ier. — Par *Bartholome Leonardo de Argensola*, d'après la dédicace.)

Arriola (Doroteo Jose de). — Republica del Salvador. Ilegitimidad de la administracion Barrios. (Signé : Doroteo Jose de Arriola. [Leon, octubre 23 de 1862.]) — *(S. l.,) imp. de la fraternidad*, (s. d.,) in-4°. Pièce.
[P. Angrand. **316**

Art (L') de vérifier les dates, depuis l'année 1770 jusqu'à nos jours, formant la continuation ou troisième partie de l'ouvrage publié sous ce nom par les religieux bénédictins de la congrégation de Saint-Maur. — *Paris, A. Dupont et Roret*, 1826-1844, 10 vol. in-8°, et un vol. de tables. [P. Angrand. **630-640**

(Tomes IX-XVIII, contenant la chronologie historique de l'Amérique.)

Arte de cultivar las moreras y el nopal, y de criar los gusanos de seda, la grana kermes y la cochinilla, escrito segun los adelantos del dia y conforme a la practica de los mejores cosecheros. — *Madrid, imp. de D. M. Romeral*, 1844, in-16. [P. Angrand. **641**

Aubin. — Manuscrit mexicain de 1576. — *(S. l. n. d.,) imp. de J. Desportes*, in-8°. [P. Angrand. **642**

(Dynasties mexicaines. — Le titre ci-dessus est pris au dos de la reliure. — Fac-similé lithographique publié par M. Aubin.)

Aubin. — Mémoire sur la peinture didactique et l'écriture figurative des anciens Mexicains. — *(S. l. n. d.,)* in-8°. [P. Angrand. **643**
Atlas in-fol. [P. Angrand. **143**

(Le nom de l'auteur est pris au dos de la reliure.)

Auburtin, Le Bret, Gosse (L.-A.). — Instructions ethnologiques pour le Mexique, par MM. Auburtin, Le Bret, et L.-A. Gosse père... (Extrait des « Bulletins de la Société d'anthropologie de Paris », tome III, 2e fascicule, 1862.) — *Paris*, *V. Masson*, 1862, in-8°. Pièce. [P. Angrand. **644**

(En tête se trouve une *Lettre manuscrite de M. Gosse, contenant une liste d'ouvrages sur le Mexique.*)

Avezac (D'). — Martin Hylacomylus Waltzemüller, ses ouvrages et ses collaborateurs. Voyage d'exploration et de découvertes à travers quelques épîtres dédicatoires, préfaces et opuscules en prose et en vers du commencement du XVIe siècle. Notes, causeries et digressions bibliographiques et autres. Par un géographe bibliophile. (15 mars 1867.) — *Paris*, *Challamel aîné*, 1867, in-8°. [P. Angrand. **645**

(Par M. d'Avezac, d'après Barbier. — Extrait des *Annales des voyages*, 1866.)

Avezac (D'). — Les Navigations terre-neuviennes de Jean et Sébastien Cabot, lettre au révérend Léonard Woods,... lue en communication à la séance trimestrielle des cinq académies de l'Institut de France, le 6 octobre 1869, par M. d'Avezac,... (15 décembre 1868.) — *Paris*, *imp. de E. Donnaud*, 1869, in-8°. Pièce. [P. Angrand. **646**

Aymé (J.-J.). — Déportation et naufrage de J.-J. Aymé, ex-législateur, suivis du tableau de vie et de mort des déportés, à son départ de la Guyane, avec quelques observations sur cette colonie et sur les nègres. — *Paris*, *Maradan*, (s. d.,) in-8°. [P. Angrand. **647**

Azara (Don Félix de). — Voyages dans l'Amérique méridionale, par don Félix de Azara, commissaire et commandant des limites espagnoles dans le Paraguay, depuis 1781 jusqu'en 1801... publiés d'après les manuscrits de l'auteur, avec une notice sur sa vie et ses écrits, par C.-A. Walckenaer, enrichis de notes par G. Cuvier,... suivis de l'histoire naturelle des oiseaux du Paraguay et de la Plata, par le même auteur, traduite d'après l'original espagnol, et augmentée d'un grand nombre de notes par M. Sonnini,... (4 novembre 1808.) — *Paris*, *Dentu*, 1809, 4 vol. in-8°.
[P. Angrand. **648-651**
Atlas in-fol. [P. Angrand. **144**

Ballesteros (Thomas de). — De las Ordenanzas del Peru dirigidas al rey nuestro señor en su real y supremo consejo de las Indias por mano del excmo señor D. Melchior de Navarra y Rocafull,... recogidas y coordinadas por el lic. D. Thomas de Ballesteros,... y nuevamente añadidas las ordenanzas que para el nuevo establecimiento del tribunal de la Sta Cruzada hà dispuesto, y mandado observar segun la real intencion de S. M. y bula de N. S. P. Benedicto XIV, el excelentissimo señor don Joseph Antonio Manso de Velasco, conde de Super-Unda,... — *Reimpressas en Lima*, *en la imprenta de Francisco Sobrino y Bados*, 1752, in-fol. [P. Angrand. **54**

Barbé-Marbois. — Histoire de la Louisiane et de la cession de cette colonie par la France aux Etats-Unis de l'Amérique septentrionale... par M. Barbé-Marbois,... — *Paris*, *imp. de F. Didot*, 1829, in-8°. [P. Angrand. **1397**

Barcia (And.-Gonz.). — Ensayo cronologico para la historia general de la Florida... desde el año de 1512 que descubriò la Florida Juan Ponce de Leon, hasta el de 1722, escrito por don Gabriel de Cardenas y Cano,... (Julio 25 de 1723.) — *En Madrid*, *en la Oficina real*, 1723, in-fol. [P. Angrand. **55**

(D'après Brunet, Gabriel de Cardenas est le pseudonyme de Barcia.)

Barrere (Pierre). — Nouvelle Relation de la France équinoxiale, contenant la description des côtes de la Guiane, de l'isle de Cayenne... par Pierre Barrere,... — *Paris*, *Piget*, 1743, in-12. [P. Angrand. **652**

Barrial Posada (Clemente). — République orientale de l'Uruguay, Amérique du Sud. Etude géologique de la région aurifère de Tacuarembó, qui comprend les districts de Yaguari, de Los Corrales et de Cuñapirú. (Signé : Clemente Barrial Posada. [12 mars 1878.]) — *Paris*, *imp. de C. Blot*, 1878, in-4°. Pièce. [P. Angrand. **317**

(Espagnol-français.)

Barrios (Gerardo). — A los Pueblos del Salvador. Segundo manifiesto del excmo señor presidente de la Republica, capitan general, don Gerardo Barrios, y documentos justificativos. (Febrero 16 de 1863.) — *San Salvador*, *imp. del gobierno*, 1863, in-8°. Pièce.
[P. Angrand. **653**

Barrios (Gerardo). — El General en gefe, capitan general presidente de la Republica del Savador al ejercito. (Signé : G. Barrios. [13 de febrero de 1863.]) — *San Salvador, imp. del gobierno*, (s. d.,) in-fol. plano. [P. Angrand. **56**

Barrios (Gerardo). — Manifiesto del presidente del Salvador a los pueblos de la Republica. (Signé : Gerardo Barrios. [Diciembre 18 de 1862.]) — *San Salvador, imp. del gobierno,* (s. d.,) in-8°. Pièce. [P. Angrand. **654**

Barrios (Gerardo). — Republica del Salvador. Mensaje del excelentisimo señor presidente capitan general don Gerardo Barrios, en la apertura de las sesiones extraordinarias del cuerpo legislativo. — *San Salvador, imp. del gobierno*, enero 17 de 1863, in-8°. Pièce. [P. Angrand. **655**

(Suivi de : *Contestacion del senor presidente de la asamblea general de la Republica, general de division D. Santiago Gonzalez, al mensaje de S. E. el presidente del Salvador.* — La couverture imprimée porte : *Mensaje y contestacion*, 1863.)

Bartram (William). — Travels through north and south Carolina, Georgia, east and west Florida, the Cherokee country, the extensive territories of the Muscogulges or Creek Confederacy, and the country of the Chactaws... by William Bartram. — *Dublin, for J. Moore, W. Jones, R. Mc Allister, and J. Rice*, 1793, in-8°. [P. Angrand. **656**

Baudry Des Lozières (L.-N.). — Voyage à la Louisiane et sur le continent de l'Amérique septentrionale, fait dans les années 1794 à 1798... par B*** D***... — *Paris, Dentu*, an XI-1802, in-8°. [P. Angrand. **657**

(Par L.-N. Baudry Des Lozières, d'après Barbier.)

Beauvois (E.).—L'Elysée des Mexicains comparé à celui des Celtes, par E. Beauvois. Extrait de la « Revue de l'histoire des religions », cinquième année, nouvelle série, tome X... — *Paris, E. Leroux*, 1885, in-8°. [P. Angrand. **658**

Beckwith (E. G.). — Explorations and surveys for a railroad route from the Mississipi river to the Pacific ocean. War department. Report of explorations for a route for the Pacific railroad on the line of the forty-first parallel of north latitude, by lieut. E. G. Beckwith,... (December 30, 1854.) — *(S. l.,)* 1854, in-4°. [P. Angrand. **318**

Bellin. — Description géographique de la Guiane. — *Paris, imp. de Didot*, 1763, in-4°. [P. Angrand. **319**

(Un autre titre porte : *Description géographique de la Guyane, contenant les possessions et les établissements des Français, des Espagnols, des Portugais, des Hollandais... par le S. Bellin.*)

Bellin. — Description géographique des isles Antilles, possédées par les Anglais. — *Paris, imp. de Didot*, 1758, in-4°. [P. Angrand. **320**

(Un autre titre porte : *Description géographique des îles Antilles, possédées par les Anglais, savoir : la Jamaïque, la Barbade, Antigue, Montserrat, S. Christophe, Nieves, L'Anguille et les Vierges, îles Lucayes et Bermudes, pour joindre aux cartes de ces îles, qui ont été dressées au Dépôt des cartes et plans de la marine... par le S. Bellin.*)

Beltrami (J.-C.). — La Découverte des sources du Mississipi et de la Rivière Sanglante... par J.-C. Beltrami,... (12 février 1824.) — *Nouvelle-Orléans, imp. de B. Levy*, 1824, in-8°. [P. Angrand. **659**

Beltrami (J.-C.). — Le Mexique, par J.-C. Beltrami,... (10 décembre 1829.) — *Paris, Crevot*, 1830, 2 vol. in-8°. [P. Angrand. **660-661**

Benzoni (Girolamo). — La Historia del Mondo Nuovo, di M. Girolamo Benzoni,... nuovamente ristampata... — *In Venetia, ad instantia di Pietro et Francesco Tini, fratelli*, 1572, in-8°. [P. Angrand. **662**

Berquin-Duvallon. — Vue de la colonie espagnole du Mississipi ou des provinces de Louisiane et Floride occidentale, en l'année 1802, par un observateur résident sur les lieux... B......-Duvallon, éditeur. — *Paris, imp. expéditive*, an XI-1803, in-8°. [P. Angrand. **663**

(L'éditeur est Berquin-Duvallon, d'après Barbier.)

Berredo (Bernardo Pereira de). — Annaes historicos do Estado do Maranhaõ, em que se dá noticia do seu descobrimento, e tudo o mais que nelle tem succedido desde o anno em que foy descuberto até o de 1718... escritos por Bernardo Pereira de Berredo,... Segunda edicao. — *Maranhaõ, por A. J. da Cruz*, 1849, in-8°. [P. Angrand. **664**

Beulloch. — Le Mexique en 1823, ou Relation d'un voyage dans la Nouvelle-Espagne, contenant des notions exactes et peu connues sur la situation physique, morale et politique de ce pays, accompagné d'un atlas de vingt planches, par M. Beulloch,... ouvrage traduit de l'anglais par M***, précédé d'une introduction et enrichi de pièces justificatives et de notes par sir John Byerley. — *Paris, A. Eymery,* 1824, 2 vol. in-8°. [P. Angrand. **665-666**

Atlas in-4° oblong. [P. Angrand. **468**

Béverley (R.-B.). — Histoire de la Virginie... par un auteur natif et habitant du païs, traduite de l'anglois. — *Paris, P. Ribou,* 1707, in-12. [P. Angrand. **667**

(Par R.-B. Béverley, d'après Barbier.)

Biart (Lucien). — Les Aztèques, histoire, mœurs, coutumes, par Lucien Biart,... — *Paris, A. Hennuyer,* 1885, in-8°. [P. Angrand. **668**

(Le faux titre porte : *Bibliothèque ethnologique, publiée sous la direction de MM. A. de Quatrefages, E.-T. Hamy.*)

Biblioteca de autores españoles, desde la formacion del lenguaje hasta nuestros dias. Historiadores primitivos de Indias. Coleccion dirigida é ilustrada por don Enrique de Vedia. — *Madrid, imp. de M. Rivadeneyra,* 1852 - 1853, 2 vol. gr. in-8°. [P. Angrand. **321-322**

Tome Ier.

(N° 1.) Cartas de relacion de Fernando Cortes sobre el descubrimiento y conquista de la Nueva España.

(N° 2.) Hispania victrix. Primera y segunda parte de la historia general de las Indias, con todo el descubrimiento, y cosas notables que han acaecido desde que se ganaron hasta el año de 1551, con la conquista de Méjico y de la Nueva España.

(N° 3.) Relacion hecha por Pedro de Albarado á Hernando Cortés, en que se refieren las guerras y batallas para pacificar las provincias de Chapotulan, Checialtenengo y Utlatan...

(N° 4.) Otra Relacion hecha por Pedro de Albarado á Hernando Cortés, en que se refieren la conquista de muchas ciudades...

(N° 5.) Relacion hecha por Diego Godoy á Hernando Cortés, en que trata del descubrimiento de diversas ciudades y provincias...

(N° 6.) Sumario de la natural historia de las Indias, por Gonzalo Hernandez de Oviedo y Valdés...

(N° 7.) Naufragios de Alvar Nuñez Cabeza de Vaca, y relacion de la jornada que hizo a la Florida con el adelantado Pánfilo de Narvaez.

(N° 8.) Comentarios de Alvar Nuñez Cabeza de Vaca, adelantado y gobernador del Rio de la Plata.

Tome II.

(N° 1.) Verdadera Historia de los sucesos de la conquista de la Nueva España, por el capitan Bernal Diaz del Castillo,...

(N° 2.) Verdadera Relacion de la conquista del Perú y provincia del Cuzco, llamada la Nueva Castilla, conquistada por Francisco Pizarro,... enviada á Su Majestad por Francisco de Jerez,...

(N° 3.) La Crónica del Perú, nuevamente escrita por Pedro de Cieza de Leon,...

(N° 4.) Historia del descubrimiento y conquista de la provincia del Perú y de las guerras y cosas señaladas en ella... por Agustin de Zarate,...

(Tomes XXII et XXVI de la *Biblioteca de autores españoles.*)

Biblioteca de los Americanistas, publicala D. Justo Zaragoza, editor D. Luis Navarro. Prospecto. — *Madrid, imp. de V. Saiz,* (s. d.,) in-8°. Pièce. [P. Angrand. **669**

Blake (William P.). — Explorations and surveys for a railroad route from the Mississipi river to the Pacific ocean. War department. Routes in California, to connect with the routes near the thirty-fift hand thirthy second parallels, explored by lieut. R. S. Williamson, corps topographical engineers, in 1853. Geological report by William P. Blake,... (April 6, 1857.) — *Washington,* 1857, in-4°. [P. Angrand. **323**

Blondel (S.). — Recherches sur les bijoux des peuples primitifs. Temps préhistoriques. Sauvages, Mexicains et Péruviens, par S. Blondel,... — *Paris, E. Leroux,* 1876, in-8°. Pièce. [P. Angrand. **670**

Boletin de noticias. — *(Guatemala,) imp. de la Paz,* in-fol. [P. Angrand. **57**

(Nos 3, 4 et 5, 27 février, 1er et 3 mars 1863.)

Bollaert (William). — Antiquarian, ethnological and other researches in New Granada, Equador, Peru and Chile, with observations on the pre-incarial, incarial and other monuments of peruvian nations, by William Bollaert,... — *London, Trübner,* 1860, in-8°. [P. Angrand. **671**

Bollaert (William). — Examination of central American hieroglyphs of Yucatan, including the Dresden Codex, the Guatémalien of Paris and the Troano of Madrid, the hieroglyphs of Palenqué, Copan, Nicaragua, Veraguas and New Granada, by the recently discovered maya alphabet, by William Bollaert,... — *(S. l. n. d.,)* in-8°. Pièce. [P. Angrand. **672**

Bollaert (William). — Maya hieroglyphic alphabet of Yucatan, by William Bollaert,... — *(S. l. n. d.,)* in-8°. Pièce. [P. Angrand. **673**

(Suivi de : *Notes on the alphabet, by B. de Bourbourg.*)

Bollaert (William). — On ancient peruvian graphic Records, by William Bollaert,... — *(S. l. n. d.,)* in-8°. Pièce. [P. Angrand. **674**

Bond (J. Wesley). — Minnesota and its resources, to which are appended Camp Fire sketches... by J. Wesley Bond. (September 1, 1853.) — *New-York, Redfield*, 1853, in-12. [P. Angrand. **675**

Borchgrave (Emile de). — P.-J. de Borchgrave, sa vie et ses œuvres, par un Flamingant. Extrait de la « Revue belge et étrangère » (nouvelle série de « la Belgique »). — *Bruxelles, aux bureaux de la revue*, 1861, in-8°. [P. Angrand. **676**

(Par Emile de Borchgrave, d'après Barbier.)

Bossu. — Nouveaux Voyages aux Indes Occidentales, contenant une relation des différents peuples qui habitent les environs du grand fleuve Saint-Louis, appellé vulgairement le Mississipi... par M. Bossu,... 2e édition. — *Paris, Le Jay*, 1768, 2 vol. in-12. [P. Angrand. **677-678**

Botero (Giovanni). — Le Relationi universali di Giovanni Botero, Benese, divise in quattro parti... — *In Venetia, appresso Giorgio Angelieri*, 1599, 4 parties en 1 vol. in-4°. [P. Angrand. **324**

Boucard (Adolphe). — République de Guatemala (Amérique centrale). Notice sur les objets exposés par la République de Guatemala et par Adolphe Boucard à l'Exposition universelle de Paris, par Adolphe Boucard,... (1er mai 1878.) — *Rennes, imp. de Oberthür*, 1878, in-8°. Pièce. [P. Angrand. **679**

Bouche (Abbé). — Les Noirs peints par eux-mêmes, par M. l'abbé Bouche,... — *Paris, Poussielgue frères*, 1883, in-8°. [P. Angrand. **680**

(Œuvre de Saint-Jérôme pour la publication des travaux philologiques des missionnaires. Premier fascicule.)

Bougainville (De). — Voyage autour du monde, par la frégate du roi *la Boudeuse* et la flûte *l'Etoile*, en 1766, 1767, 1768 et 1769. 2e édition, augmentée. — *Paris, Saillant et Nyon*, 1772, 3 vol. in-8°. [P. Angrand. **681-683**

(L'épître dédicatoire est signée : *de Bougainville.* — Le tome III a pour titre : *Supplément au Voyage de M. de Bougainville, ou Journal d'un voyage autour du monde fait par MM. Banks et Solander, Anglais, en 1768, 1769, 1770, 1771. Traduit de l'anglais par M. de Fréville.*)

Bousquet (George). — La Religion au Japon. (Signé : George Bousquet. [15 décembre 1875.]) — *Paris, au bureau de la « Revue des Deux-Mondes »*, 1876, in-8°. [P. Angrand. **684**

(Article détaché de la *Revue des Deux-Mondes*, 15 mars 1876.)

Bowen (Eli). — The pictorial Sketch-Book of Pennsylvania, or its scenery, internal improvements, resources and agriculture, popularly described by Eli Bowen,... — *Philadelphia, W. Bromwell*, 1853, in-8°. [P. Angrand. **685**

Boyer-Peyreleau (Colonel Eugène-Edouard). — Les Antilles françaises, particulièrement la Guadeloupe, depuis leur découverte jusqu'au 1er janvier 1823, par le colonel Boyer-Peyreleau (Eugène-Édouard)... — *Paris, Brissot-Thivars*, 1823, 3 vol. in-8°. [P. Angrand. **686-688**

Brackenridge (H. H.). — N° VII. On the Population and tumuli of the aborigines of North America, in a letter from H. H. Brackenridge,... to Thomas Jefferson. Read oct. 1, 1813 (july 25, 1813). — *(S. l. n. d.,)* in-4°. Pièce. [P. Angrand. **325**

(Paginé 151-159.)

Brackenridge (H. M.). — Voyage to South America, performed... in the years 1817 and 1818, in the frigate *Congress*, by H. M. Brackenridge,... — *Baltimore, J. D. Toy printer*, 1819, 2 vol. in-8°. [P. Angrand. **689-690**

Brasseur de Bourbourg (Abbé C.-E.). — Catalogue des caractères mayas. (Par Brasseur de Bourbourg.) — *(S. l. n. d.,)* in-fol. Pièce. [P. Angrand. **58**

(Le titre de départ, page 3, porte : *Tableau des caractères phonétiques mayas, avec leurs variantes, ainsi que les signes figuratifs et numéraux, d'après le manuscrit Troano, et comparés aux caractères du manuscrit de Dresde et des inscriptions de Palenqué.*)

Brasseur de Bourbourg (Abbé C.-E.). — De Guatémala à Rabinal, épisode d'un séjour dans l'Amérique centrale pendant les années 1855 et 1856. (Signé : E.-C. Brasseur de Bourbourg.) — *Paris, aux bureaux de la « Revue européenne »*, 1859, in-8°. [P. Angrand. **691**

(Articles détachés de la *Revue européenne* des 1er et 15 février 1859.)

Brasseur de Bourbourg (Abbé C.-E.). — Histoire des nations civilisées du Mexique et de l'Amérique centrale, durant les siècles antérieurs à Christophe Colomb, écrite sur des documents originaux et entièrement inédits, puisés aux anciennes archives des indigènes, par M. l'abbé Brasseur de Bourbourg,...—*Paris, A. Bertrand*, 1857-1859, 4 vol. in-8°. [P. Angrand. **692-695**

Brasseur de Bourbourg (Abbé C.-E.). — Histoire du Canada, de son église et de ses missions, depuis la découverte de l'Amérique jusqu'à nos jours, écrite sur des documents inédits compulsés dans les archives de l'archevêché et de la ville de Québec, etc., par M. l'abbé Brasseur de Bourbourg,... (2 février 1852.) — *Paris, Sagnier et Bray*, 1852, 2 vol. in-8°. [P. Angrand. **696-697**

(Le faux titre porte : *Publication de la Société de St-Victor.*)

Brasseur de Bourbourg (Abbé C.-E.). — Lettre à M. Léon de Rosny sur la découverte de documents relatifs à la haute antiquité américaine, et sur le déchiffrement et l'interprétation de l'écriture phonétique et figurative de la langue maya, par Brasseur de Bourbourg,... (Extrait des « Mémoires de la Société d'ethnographie ».) — *Paris, Amyot*, 1869, in-8°. Pièce. [P. Angrand. **698**

Brasseur de Bourbourg (Abbé C.-E.). — Manuscrit Troano, études sur le système graphique et la langue des Mayas, par M. Brasseur de Bourbourg,... (29 septembre 1868.) — *Paris, Imp. impériale*, 1869-1870, 2 tomes en 3 vol. in-fol. [P. Angrand. **59-61**

(Le faux titre porte : *Mission scientifique au Mexique et dans l'Amérique centrale. Linguistique.*)

Brasseur de Bourbourg (Abbé C.-E.).— Monuments anciens du Mexique. Palenqué et autres ruines de l'ancienne civilisation du Mexique. Collection de vues, bas-reliefs, morceaux d'architecture, coupes, vases, terres cuites, cartes et plans, dessinés d'après nature et relevés par M. de Waldeck. Texte rédigé par M. Brasseur de Bourbourg,... — *Paris, A. Bertrand*, 1866, gr. in-fol. [P. Angrand. **1**

Brasseur de Bourbourg (Abbé C.-E.). — Notes d'un voyage dans l'Amérique centrale. Lettres à M. Alfred Maury,... Extrait des « Nouvelles Annales des voyages », août 1855. (Signé : Brasseur de Bourbourg. [28 mars et 28 avril 1855.]) — *Paris, imp. de E. Thunot et Cie*, (1855,) in-8°. Pièce. [P. Angrand. **699**

Brasseur de Bourbourg (Abbé C.-E.). — Recherches sur les ruines de Palenqué et sur les origines de la civilisation du Mexique, par M. l'abbé Brasseur de Bourbourg,... — *Paris, A. Bertrand*, (s. d.,) in-fol. [P. Angrand. **62**

(Le faux titre porte : *Monuments anciens du Mexique.*)

Brinton (D. G.). — The arawack Language of Guiana in its linguistic and ethnological relations, by D. G. Brinton,... — *Philadelphia, Mc Calla and Stavely*, 1871, in-4°. Pièce. [P. Angrand. **326**

(La couverture imprimée sert de titre.)

Brinton (Daniel G.). — The Folk-Lore of Yucatan, by Daniel G. Brinton,... (From the « Folk-Lore Journal », vol. I, part VIII, august, 1883...) — *(S. l.,)* 1883, in-8°. Pièce. [P. Angrand. **700**

(La couverture imprimée sert de titre.)

Brinton (Daniel G.). — The Myths of the New World, a treatise on the symbolism and mythology of the red race of America, by Daniel G. Brinton,... (April, 1868.) — *New York, Leypoldt and Holt*, 1868, in-8°. [P. Angrand. **701**

Broughton (W. R.). — Voyage de découvertes dans la partie septentrionale de l'océan Pacifique, fait par le capitaine W. R. Broughton, commandant la corvette de S. M. B. *la Providence*, et sa conserve, pendant les années 1795, 1796, 1797 et 1798... traduit... par J. B. B. E****. — *Paris*, *Dentu*, 1807, 2 vol. in-8°.
[P. Angrand. **702-703**
(Le traducteur est Eyriès, d'après Barbier.)

Brown (Henry). — The History of Illinois, from its first discovery and settlement to the present time, by Henry Brown,... (May 22nd, 1844.) — *New-York*, *J. Winchester*, 1844, in-8°.
[P. Angrand. **704**

Brué (A.-H.). — Atlas universel de géographie physique, politique et historique, ancienne et moderne... par A.-H. Brué,... — *Paris*, *l'auteur*, 1822, in-fol. [P. Angrand. **63**

Brunel (Adolphe). — Biographie d'Aimé Bonpland, compagnon de voyage et collaborateur d'Al. de Humboldt, par Adolphe Brunel,... 3e édition. (Août 1871.) — *Paris*, *L. Guérin*, 1871, in-8°.
[P. Angrand. **705**

Bulletin de la Société de géographie... — *Paris*, *C. Delagrave*, 1876, in-8°. [P. Angrand. **706**
(Nos de juin et de septembre 1876.)

Bulletin of the american ethnological Society. Volume I. — *New-York*, *published for the society*, 1860-1861, in-8°.
[P. Angrand. **707**
(La couverture imprimée porte en plus : *Sept.*, *oct.*, *nov.*, *dec.* 1860 *and january* 1861.)

Byington (Cyrus). — Grammar of the choctaw language, by the rev. Cyrus Byington edited, from the original mss., in the library of the american philosophical Society, by D. G. Brinton,... — *Philadelphia*, *Mc Calla and Stavely printers*, 1870, in-8°.
[P. Angrand. **708**

Byron. — Premier Voyage de M. Byron à la mer du Sud, complétant la relation du voyage de l'amiral Anson, avec un extrait du second voyage de M. Byron autour du monde. Ouvrage traduit de l'anglais par le Cen Cantwel. — *Paris*, *Fuchs*, an VIII, in-8°.
[P. Angrand. **709**

Calendario de Lima. — *(S. l.,) imp. de Massias*, in-fol. oblong. Pièce.
[P. Angrand. **138**
(Années 1837 et 1838.)

Calendario del arzobispado de Santiago de Cuba, para el año de 1841, dispuesto por el observatorio astronómico nacional de marina de la ciudad de San Fernando. — *Habana*, *imp. fraternal*, 1840, in-fol. oblong. Pièce.
[P. Angrand. **139**

Calendario y guia de forasteros de la Republica Boliviana para el año de 1835. — *Paz de Ayacucho*, *imp. del colejio de Artes*, (s. d.,) in-8°.
[P. Angrand. **710**

Canedo (Estanislao). — De la Révolution au Mexique. Mars 1860. (Signé : Estanislao Canedo.) — *Nouvelle-Orléans*, *imp. de L. Marchand*, (s. d.,) in-8°. Pièce. [P. Angrand. **711**
(La couverture imprimée sert de titre.)

Carderera (Don Valentin). — Informe sobre los retratos de Cristobal Colon, su trage y escudo de armas. — *(S. l.,) imprenta de la real Academia de la historia*, 1851, in-4°. Pièce.
[P. Angrand. **327**
(Le titre de départ porte en plus : *Leido a la real Academia de la historia, por su autor don Valentin Carderera.*)

Carli (Cte J.-R.). — Lettres américaines... pour servir de suite aux « Mémoires de D. Ulloa », par M. le Cte J.-R. Carli,... avec des observations et additions du traducteur (Le Febvre de Villebrune). — *Paris*, *Buisson*, 1788, 2 vol. in-8°.
[P. Angrand. **712-713**

Carrera (Rafael). — Manifiesto del excmo Sr presidente de Guatemala, capitan Gral don Rafael Carrera, a los pueblos de la Republica. (Enero 21 de 1863.) — *(S. l. n. d.,)* in-4°. Pièce.
[P. Angrand. **328**

Carrera (Rafael). — El Presidente de la Republica de Guatemala a los pueblos del Salvador. (Signé : Rafael Carrera. [Enero 31 de 1863.]) — *(S. l. n. d.,)* in-fol. Pièce. [P. Angrand. **64**

Carrillo (D. Crescencio). — Estudio historico sobre la raza indigena de Yucatan, por D. Crescencio Carrillo,... — *Veracruz*, *tipografia de J. M. Blanco*, 1865, in-8°. Pièce. [P. Angrand. **714**

Carver (Jonathan). — Travels through the interior parts of North-America in the years 1766, 1767 and 1768, by J. Carver,... — *Dublin*, *printed for S. Price*, *R. Cross*, *W. Watson*, *etc.*, 1779, in-8°. [P. Angrand. **715**

Carver (Jonathan). — Voyage dans les parties intérieures de l'Amérique septentrionale pendant les années 1766, 1767 et 1768, par Jonathan Carver,... ouvrage traduit sur la 3e édition anglaise, par M. de C...., avec des remarques et quelques additions du traducteur. (10 août 1784.) — *Yverdon*, 1784, in-8°. [P. Angrand. **716**

(Le traducteur est M. de Montucla, d'après Quérard.)

Cassani (Le P. Joseph). — Historia de la provincia de la Compañia de Jesus del nuevo reyno de Granada en la America, descripcion y relacion exacta de sus gloriosas missiones en el reyno, llanos, meta y rio Orinoco, almas y terreno, que han conquistado sus missioneros para Dios... Su author el padre Joseph Cassani,... (Marzo primero de 1741.) — *En Madrid, Manuel Fernandez*, 1741, in-fol. [P. Angrand. **65**

Castellanos (Juan de). — Biblioteca de autores españoles... ordenada por D. Buenaventura Carlos Aribau. Elegias de varones ilustres de Indias, por Juan de Castellanos. Segunda edicion. — *Madrid, imp. de M. Rivadeneyra*, 1852, gr. in-8°. [P. Angrand. **329**

(Le faux titre porte : *Biblioteca de autores espanoles. Tomo cuarto.*)

Castonnet-Desfosses (H.). — Les Relations de la France avec le Tong-Kin et la Cochinchine, d'après les documents inédits des archives du ministère de la marine et des colonies et des archives du Dépôt des cartes et plans de la marine, par H. Castonnet-Desfosses,... — *Paris, Challamel aîné*, 1883, in-8°. Pièce. [P. Angrand. **717**

(Extrait, n° 9, du *Bulletin de la Société académique indo-chinoise*, 2e série, tome II, avril 1882. — La couverture imprimée sert de titre.)

Castro (Adolfo de). — Historia de la muy noble, muy leal y muy heroica ciudad de Cadiz, ecrita por Adolfo de Castro,... — *Cadiz, imprenta de la Sociedad de la « Revista medica »*, 1845, in-8°. [P. Angrand. **718**

Catlin (George). — Letters and notes on the manners, customs and condition of the North American Indians, by Geo. Catlin, written during eight years travel amongst the wildest tribes of Indians in North America, in 1832, 33, 34, 35, 36, 37, 38 and 39... Second edition... — *New-York, Wiley and Putnam*, 1842, 2 vol. in-8°. [P. Angrand. **719-720**

Catlin (George). — O-Kee-Pa, a religious ceremony and other customs of the Mandans, by George Catlin,... (December 20, 1866.) — *London, Trübner*, 1867, in-8°. [P. Angrand. **721**

Caulin (P. Fr. Antonio). — Historia coro-graphica, natural y evangelica de la Nueva Andalucia, provincias de Cumaná, Guayana y vertientes del rio Orinoco....per el M. R. P. Fr. Antonio Caulin,... — *(Madrid,)* 1779, in-fol. [P. Angrand. **66**

Cérémonies et coutumes religieuses de tous les peuples du monde, représentées par des figures dessinées de la main de Bernard Picart,... — *A Amsterdam, chez J.-F. Bernard*, 1733-1739, 7 vol. in-fol. [P. Angrand. **67-73**

Champlain (De). — Voyages du sieur de Champlain, ou Journal ès découvertes de la Nouvelle-France. — *Paris, aux frais du gouvernement*, août 1830, 2 vol. in-8°. [P. Angrand. **722-723**

(Le titre du premier volume manque.)

Chanvalon (Thibault de). — Voyage à la Martinique, contenant diverses observations sur la physique, l'histoire naturelle, l'agriculture, les mœurs et les usages de cette isle, faites en 1751 et dans les années suivantes, lu à l'Académie royale des sciences de Paris en 1761. — *Paris, C.-J.-B. Bauche*, 1763, in-4°. [P. Angrand. **330**

(La préface est signée : *Thibault de Chanvalon.*)

Chappe d'Auteroche. — Voyage en Californie pour l'observation du passage de Vénus sur le disque du soleil, le 3 juin 1769... par feu M. Chappe d'Auteroche,... rédigé et publié par M. de Cassini fils... (1er juillet 1772.) — *Paris, C.-A. Jombert*, 1772, in-4°. [P. Angrand. **331**

Charencey (Cte H. de). — Affinité de quelques légendes américaines avec celles de l'ancien monde, par H. de Charencey. (Extrait de la « Revue indépendante » (n° du 1er mai 1866). — *Paris, imp. de A. Parent*, 1866, in-8°. Pièce. [P. Angrand. **724**

Charencey (Cte H. de). — Affinités de quelques légendes américaines avec celles de l'ancien monde, par M. Hyacinthe de Charencey. — *Paris, imp. de Vve Bouchard-Huzard*, (s. d.,) in-8°. Pièce. [P. Angrand. **725**

(Extrait du *Bulletin du comité d'archéologie américaine.*)

Charencey (Cte H. de). — Des Affinités des langues transgangétiques avec les langues du Caucase, par Hyacinthe de Charencey,... — *Caen, A. Hardel*, 1862, in-8°. Pièce. [P. Angrand. **726**

(Extrait des *Mémoires de l'Académie des sciences, arts et belles-lettres de Caen.*)

Charencey (Cte H. de). — Des Ages ou soleils, d'après la mythologie des peuples de la Nouvelle-Espagne, par M. le Cte de Charencey. — *Madrid, imp. de Fortanet*, 1883, in-8°. [P. Angrand. **727**

Charencey (Cte H. de). — Des Animaux symboliques dans leurs relations avec les points de l'espace chez les Américains, par H. de Charencey. — *Paris, E. Leroux*, 1878, in-8°. Pièce. [P. Angrand. **728**

Charencey (Cte H. de). — Chronologie des âges ou soleils, d'après la mythologie mexicaine, par M. de Charencey,... — *Caen, imp. de F. Le Blanc-Hardel*, 1878, in-8°. Pièce. [P. Angrand. **729**

(Extrait des *Mémoires de l'Académie nationale des sciences, arts et belles-lettres de Caen.*)

Charencey (Cte H. de). — Les Cités Votanides, valeur symbolique des nombres, etc., dans la Nouvelle-Espagne, par le Cte H. de Charencey. Extrait du « Muséon ». — *Louvain, imp. de C. Peeters*, 1885, in-8°. [P. Angrand. **730**

Charencey (Cte H. de). — Compte rendu et analyse de l' « Histoire des nations civilisées du Mexique et de l'Amérique centrale, etc. », de M. l'abbé Brasseur de Bourbourg, par M. H. de Charencey. Extrait des nos de janvier et de février 1859, des « Annales de philosophie chrétienne », tome XIX, pages 22 et 113 (4e série). — *Versailles, Beau jeune*, 1859, in-8°. Pièce. [P. Angrand. **731**

Charencey (Cte H. de). — De la Conjugaison dans les langues de la famille maya-quichée, par H. de Charencey. Extrait du « Museon ». — *Louvain, C. Peeters*, 1885, in-8°. [P. Angrand. **732**

Charencey (Cte H. de). — Des Couleurs considérées comme symboles des points de l'horizon, chez les peuples du Nouveau-Monde, par H. de Charencey. — *Paris, E. Leroux*, 1877, in-8°. [P. Angrand. **733**

Charencey (Cte H. de). — Le Déluge et les livres bibliques, par M. H. de Charencey,... Extrait n° 1 de l'année 1859 de la « Revue orientale et américaine ». — *Paris, Challamel aîné*, 1858, in-8°. Pièce. [P. Angrand. **734**

(Compte rendu du livre de M. Schoebel, intitulé : *De l'Universalité du déluge.*)

Charencey (Cte H. de). — Essai d'analyse grammaticale d'un texte en langue maya, par M. H. de Charencey,... — *Caen, imp. de F. Le Blanc-Hardel*, 1873, in-8°. Pièce. [P. Angrand. **735**

(Extrait des *Mémoires de l'Académie des sciences, arts et belles-lettres de Caen.*)

Charencey (Cte H. de). — Essai d'analyse grammaticale d'un texte en langue maya, par H. de Charencey,... — *Le Havre, imp. de Lepelletier*, 1875, in-8°. Pièce. [P. Angrand. **736**

Charencey (Cte H. de). — Essai de déchiffrement d'un fragment du manuscrit Troano, par H. de Charencey. — *Paris, E. Leroux*, 1875, in-8°. Pièce. [P. Angrand. **737**

(Extrait de la *Revue de philologie et d'ethnographie*, n° 4.)

Charencey (Cte H. de). — Essai sur la symbolique des points de l'horizon dans l'Extrême-Orient, par M. H. de Charencey,... — *Caen, imp. de F. Le Blanc-Hardel*, 1876, in-8°. Pièce. [P. Angrand. **738**

(Extrait des *Mémoires de l'Académie nationale des sciences, arts et belles-lettres de Caen.*)

Charencey (Cte H. de). — Essai sur la symbolique planétaire chez les Sémites, par H. de Charencey. — *Paris, Maisonneuve et Cie*, 1878, in-8°. [P. Angrand. **739**

Charencey (Cte H. de). — Étude sur la prophétie en langue maya d'Ahkuil-Chel, par H. de Charencey. — *Paris, Maisonneuve*, 1876, in-8°. Pièce. [P. Angrand. **740**

Charencey (Cte H. de). — Des Explétives numérales dans les dialectes de la famille maya-quiché. (Signé : H. de Charencey.) — *(S. l. n. d.,)* in-8°. Pièce. [P. Angrand. **741**

Charencey (Cte H. de). — Le Fils de la Vierge, par H. de Charencey,... — *Le Havre, imp. de Lepelletier*, 1879, in-8°. Pièce. [P. Angrand. **742**

Charencey (Cte H. de). — Fragment de chrestomathie de la langue maya antique, par H. de Charencey. — *Paris, E. Leroux*, 1875, in-8°. Pièce. [P. Angrand. **743**

(Extrait de la *Revue de philologie et d'ethnographie*, n° 3.)

Charencey (Cte H. de). — Fragments sur la symbolique hébraïque. (Signé : H. de Charencey.) — *(S. l. n. d.,)* in-8°. Pièce. [P. Angrand. **744**

Charencey (Cte H. de). — Les Hommes-Chiens, par H. de Charencey. — *Paris, 92, rue du Cherche-Midi*, 1882, in-8°. Pièce. [P. Angrand. **745**

(Extrait de *l'Athénée oriental*, année 1882.)

Charencey (Cte H. de). — Mélanges de philologie et de paléographie américaines, par le Cte de Charencey. — *Paris, E. Leroux*, 1883, in-8°. [P. Angrand. **746**

Charencey (Cte H. de). — Le Mythe d'Imos, traditions des peuples mexicains. (Signé : H. de Charencey.) — *(S. l. n. d.,)* in-8°. [P. Angrand. **747**

Charencey (Cte H. de). — Le Mythe de Votan, étude sur les origines asiatiques de la civilisation américaine, par H. de Charencey. — *Alençon, imp. de E. de Broise*, 1871, in-8°. [P. Angrand. **748**

Charencey (Cte H. de). — Notice sur quelques familles de langues du Mexique, par H. de Charencey. — *Le Havre, imp. de Lepelletier*, 1870, in-8°. Pièce. [P. Angrand. **749**

Charencey (Cte H. de). — Notice sur un ancien manuscrit mexicain, dit « Codex telleriano-remensis », par H. de Charencey,... Extrait n° 13 de la « Revue orientale et américaine ». — *Paris, Challamel aîné*, 1859, in-8°. Pièce. [P. Angrand. **750**

Charencey (Cte H. de). — Le Pronom personnel dans les idiomes de la famille tapachulane-huastèque, par M. H. de Charencey,... — *Caen, imp. de F. Le Blanc-Hardel*, 1868, in-8°. Pièce. [P. Angrand. **751**

(Extrait des *Mémoires de l'Académie impériale des sciences, arts et belles-lettres de Caen*, année 1868.)

Charencey (Cte H. de). — Recherches sur la famille de langues américaines pirinda-othomi. (Signé : H. de Charencey.) — *Versailles, imp. de Beau jeune*, (s. d.,) in-8°. Pièce. [P. Angrand. **752**

(Extrait du cahier de juillet 1867 des *Annales de philosophie chrétienne*.)

Charencey (Cte H. de). — Recherches sur la famille de langues tapijulapane-mixe, par M. H. de Charencey. — *Le Havre, imp. de Lepelletier*, 1867, in-8°. Pièce. [P. Angrand. **753**

Charencey (Cte H. de). — Recherches sur le calendrier zotzil, par M. H. de Charencey. — *Paris, E. Leroux*, 1884, in-8°. Pièce. [P. Angrand. **754**

(Articles détachés de la *Revue d'ethnographie*, tome III, n° 5, septembre-octobre.)

Charencey (Cte H. de). — H. de Charencey. Recherches sur les lois phonétiques dans les idiomes de la famille mame-huastèque. — *Paris, Maisonneuve*, (s. d.,) in-8°. Pièce. [P. Angrand. **755**

(Extrait de la *Revue de linguistique et de philologie comparée*, tome V, fascicule 2.)

Charencey (Cte H. de). — Recherches sur les noms de nombres cardinaux dans la famille maya-quiché. (Signé : H. de Charencey.) — *Orléans, imp. de G. Jacob*, (s. d.,) in-8°. Pièce. [P. Angrand. **756**

Charencey (Cte H. de). — Recherches sur les noms des points de l'espace, par M. le Cte de Charencey,... — *Caen, imp. de F. Le Blanc-Hardel*, 1882, in-8°. [P. Angrand. **757**

(Extrait des *Mémoires de l'Académie nationale des sciences, arts et belles-lettres de Caen*.)

Charencey (Cte H. de). — Des Signes de numération en maya, par H. de Charencey. — *Alençon, imp. de E. Renaut-de Broise*, 1881, in-8°. Pièce. [P. Angrand. **758**

Charencey (Cte H. de). — Des Suffixes en langue quichée, par le Cte H. de Charencey. Extrait du « Muséon ». — *Louvain, C. Peeters*, 1883, in-8°. Pièce. [P. Angrand. **759**

Charencey (Cte H. de). — Sur la Langue du Soconusco, dite mame ou zaklohpakap. (Signé : de Charencey.) — *Chartres, imp. de Durand frères*, (s. d.,) in-8°. Pièce. [P. Angrand. **760**

Charencey (Cte H. de). — H. de Charencey. De la Symbolique des points de l'espace chez les Indous. Extrait de la « Revue de philologie et d'ethnographie », nos 1 et 2. — *Paris, E. Leroux*, 1875, in-8o. Pièce. [P. Angrand. **761**

Charencey (Cte H. de). — Symbolique romaine. Des couleurs affectées aux cochers du cirque, par M. H. de Charencey,... — *Caen, imp. de F. Le Blanc-Hardel*, 1876, in-8o. Pièce. [P. Angrand. **762**

(Extrait des *Mémoires de l'Académie nationale des sciences, arts et belles-lettres de Caen.*)

Charencey (Cte H. de). — Les Traditions relatives au fils de la Vierge, par H. de Charencey. Extrait des « Annales de philosophie chrétienne ». — *Paris, imp. de la société des publications périodiques*, 1881, in-8o. Pièce. [P. Angrand. **763**

(La couverture imprimée sert de titre.)

Charencey (Cte H. de). — La Tula Votanide. (Signé : de Charencey.) — *(S. l. n. d.,)* in-8o. Pièce. [P. Angrand. **764**

(Extrait du *Bulletin de la Société de linguistique*, no 25.)

Charencey (Cte H. de). — Une Légende cosmogonique, par M. H. de Charencey. (Août 1882.) — *Le Havre, imp. de Lepelletier*, 1884, in-8o. Pièce. [P. Angrand. **765**

Charencey (Cte H. de). — De l'Unité d'origine du genre humain, examen critique de l'ouvrage de MM. Nott et Gliddon « Types of mannkind ». (Signé : Hyacinthe de Charencey.) — *Versailles, imp. de Beau jeune*, (s. d.,) in-8o. Pièce. [P. Angrand. **766**

Charencey (Cte H. de). — Vocabulaire de la langue tzotzil, par le Cte de Charencey,... — *Caen, imp. de F. Le Blanc-Hardel*, 1885, in-8o. Pièce. [P. Angrand. **767**

(Extrait des *Mémoires de l'Académie nationale des sciences, arts et belles-lettres de Caen.*)

Charencey (Cte H. de). — Vocabulaire français-maya, par le Cte de Charencey. — *Alençon, imp. de E. Renaut-de Broise*, 1884, in-8o. [P. Angrand. **768**

(Extrait du volume XIII des *Actes de la Société philologique.*)

Charencey (Cte H. de). — Ymos-Yima, par M. H. de Charencey. — *Le Havre, imp. de Lepelletier*, 1876, in-8o. Pièce. [P. Angrand. **769**

Charlevoix (Le P. Pierre-François-Xavier de). — Histoire de l'Isle Espagnole ou de St-Domingue, écrite particulièrement sur des mémoires manuscrits du P. Jean-Baptiste Le Pers, jésuite, missionnaire à Saint-Domingue, et sur les pièces originales qui se conservent au Dépôt de la marine, par le P. Pierre-François-Xavier de Charlevoix,... (29 juin 1730.) — *Amsterdam, F. L'Honoré*, 1733, 4 tomes en 2 vol. in-12. [P. Angrand. **770-771**

Charlevoix (Le P. Pierre-François-Xavier de). — Histoire du Paraguay, par le P. Pierre-François-Xavier de Charlevoix,... (24 décembre 1754.) — *Paris, Didot*, 1757, 6 vol. in-12. [P. Angrand. **772-777**

Charlevoix (Le P. Pierre-François-Xavier de). — Histoire et description générale de la Nouvelle-France, avec le journal historique d'un voyage fait par ordre du roi dans l'Amérique septentrionale, par le P. de Charlevoix,... — *Paris, chez la Vve Ganeau*, 1744, 6 vol. in-12. [P. Angrand. **778-783**

Charnay (Désiré), **Viollet-Le-Duc.** — Cités et ruines américaines : Mitla, Palenqué, Izamal, Chichen-Itza, Uxmal, recueillies et photographiées par Désiré Charnay, avec un texte par M. Viollet-Le-Duc,... Suivi du voyage et des documents de l'auteur... — *Paris, Gide*, 1863, in-8o. [P. Angrand. **784**

Chastellux (Mis de). — Voyages de M. le Mis de Chastellux dans l'Amérique septentrionale, dans les années 1780, 1781 et 1782. (4 avril 1786.) — *Paris, imp. de Brault*, 1786, 2 vol. in-8o. [P. Angrand. **785-786**

Chevalier (Michel). — Le Mexique ancien et moderne, par Michel Chevalier,... — *Paris, L. Hachette*, 1863, in-18. [P. Angrand. **787**

Chodzkiewicz (Ladislas). — Un Vers d'Aristophane. Texte persan de la comédie « les Acharniens », expliqué par Ladislas Chodzkiewicz,... Lu à l'Académie des inscriptions et belles-lettres, dans les séances des 21 août et 4 septembre 1874. — *Paris, E. Leroux*, 1876, in-8o. [P. Angrand. **788**

(Actes de la Société philologique, tome VI, no 2, février 1876.)

Clavigero (D. Francesco Saverio). — Storia antica del Messico, cavata da' migliori storici spagnuoli, e da' manoscritti, e dalle pitture antiche degl' Indiani, divisa in dieci libri, e corredata di carte geografiche, e di varie figure e dissertazioni sulla terra, sugli animali e sugli abitatori del Messico, opera dell' abate D. Francesco Saverio Clavigero. (13 giugno 1780.) — *In Cesena, per Gregorio Biasini*, 1780-1781, 4 vol. in-4°. [P. Angrand. **332-335**

Clavigero (D. Francesco Saverio). — Storia della California, opera postuma del nob. sig. abate D. Francesco Saverio Clavigero. — *In Venezia, appresso Modesto Fenzo*, 1789, 2 tomes en 1 vol. in-8°. [P. Angrand. **789**

Cloppenburch (Jean-Everhardts).— Le Miroir de la cruelle et horrible tyrannie espagnole perpetrée au Pays-Bas par le tyran duc de Albe, et aultres commandeurs de par le roy Philippe le deuxieme. On a adjoinct la deuxieme partie de : les Tyrannies commises aux Indes Occidentales par les Espagnols... — *Tot Amsterdam, ghedruckt by Jan Evertss Cloppenburg*, 1620, in-4°. [P. Angrand. **336**

(La préface est signée : *Jean Everhardts Cloppenburch*. — La seconde partie, sous la même adresse et la même date, mais avec pagination distincte, a pour titre : *Le Miroir de la tyrannie espagnole perpétrée aux Indes Occidentales... mises en lumiere par un evêque, Bartholomé de Las Casas,...*)

Codazzi (Agustin). — Atlas fisico y politico de la República de Venezuela, dedicado por su autor... Agustin Codazzi, al congreso constituyente de 1830. — *Caracas*, 1840, in-fol. [P. Angrand. **74**

Codazzi (Agustin). — Resúmen de la geografía de Venezuela, por Agustin Codazzi,... — *Paris, imprenta de H. Fournier*, 1841, in-8°. [P. Angrand. **790**

Codigo mineral Santa-Cruz. 1835. — *Imprenta Chuquisoqueña administrada por M. Venancio del Castillo*, (1835,) in-4°. [P. Angrand. **337**

Coleccion de documentos para la historia de México, publicada por Joaquin García Icazbalceta. Tomo primero. — *México, J. M. Andrade*, 1858, in-4°. [P. Angrand. **338**

Colection de documents dans les langues indigènes, pour servir à l'étude de l'histoire et de la philologie de l'Amérique ancienne. (Par l'abbé C.-E. Brasseur de Bourbourg.) — *Paris*, 5 vol. in-8°. [P. Angrand. **791-795**

Tome Ier. Popol Vuh. Le livre sacré et les mythes de l'antiquité américaine, avec les livres héroïques et historiques des Quichés, ouvrage original des indigènes de Guatémala, texte quiché et traduction française en regard... — *A. Bertrand*, 1861.

Tome II. Gramatica de la lengua quiche. Grammaire de la langue quichée espagnole-française... ouvrage accompagné de notes philologiques... et suivi d'un essai sur la poésie, la musique, la danse et l'art dramatique chez les Mexicains et les Guatémaltèques avant la conquête, servant d'introduction au Rabinal-Achi, drame indigène, avec sa musique originale, texte quiché et traduction française en regard... — *A. Bertrand*, 1862, 2 tomes en 1 vol.

Tome III. Relation des choses de Yucatan, de Diego de Landa, texte espagnol et traduction française en regard... — *A. Bertrand*, 1864.

Tome IV. Quatre Lettres sur le Mexique. Exposition absolue du système hiéroglyphique mexicain. La fin de l'âge de pierre. Epoque glaciaire temporaire. Commencement de l'âge de bronze. Origines des civilisations et des religions de l'antiquité. D'après le Teo-Amoxtli et autres documents mexicains... — *A. Durand et Pedone*, 1868.

Tome V. Bibliothèque mexico-guatémalienne, précédée d'un coup d'œil sur les études américaines... — *Maisonneuve*, 1871.

Colomb (Fernand). — La Vie de Cristofle Colomb et la découverte qu'il a faite des Indes Occidentales, vulgairement appellées le Nouveau Monde, composée par Fernand Colomb, son fils, et traduite en françois. — *Paris, C. Barbin*, 1681, 2 vol. in-12. [P. Angrand. **796-797**

Colpaert (Emile). — Etude sur la métallurgie au Cerro de Pasco (Pérou), par M. Emile Colpaert,... (Extrait de la « Presse scientifique des Deux-Mondes » des 1er et 16 août 1863.) — *Paris, imp. de Dubuisson*, 1863, in-8°. Pièce. [P. Angrand. **798**

Colpaert (Emile). — Etude sur le Pérou. Des bêtes à laine des Andes et de leur acclimatation en Europe, de la tonte des alpacas et du trafic des laines par les Indiens, par M. Emile Colpaert, chargé d'une mission scientifique dans l'Amérique du Sud... Extrait en partie du « Bulletin de la Société impériale d'acclimatation » (nos de janvier, mars, avril et mai 1864). — *Paris, imp. de E. Martinet*, 1864, in-8°. [P. Angrand. **799**

Colton (Walter). — Three Years in California, by rev. Walter Colton,... (July 1850.) — *New York, A. S. Barnes*, 1850, in-8°. [P. Angrand. **800**

Commission scientifique du Mexique. Manuscrit dit Mexicain, n° 2 de la Bibliothèque impériale, photographié (sans réduction)... — *Paris, imp. photographique de Benoist*, 1864, in-fol. [P. Angrand. **75**

(**Commission** scientifique du Mexique. Recueil d'instructions.) — *Paris, Imp. impériale*, 1864, in-4°. [P. Angrand. **339**

Concilium Mexicanum provinciale, celebratum Mexici anno MDLXXXV, præside D. D. Petro Moya de Contreras, archiepiscopo ejusdem urbis, confirmatum Romæ die XXVII octobris, anno MDLXXXIX, et postea jussu regio editum Mexici anno MDCXXII... (x kal. febr. anno 1725.) — *Parisii*, 1725, in-8°. [P. Angrand. **801**

(D'après la dédicace, l'éditeur est *Joannes Baptista Mirallius*.)

Congreso internacional de Americanistas. Cuarta reunion, en Madrid, del 18 al 22 de setiembre de 1881... — *Madrid, imp. de M. G. Hernandez*, 1881, in-16. [P. Angrand. **802**

(Espagnol-français.)

Contant d'Orville. — Histoire des différents peuples du monde, contenant les cérémonies religieuses et civiles, l'origine des religions, leurs sectes et superstitions, et les mœurs et usages de chaque nation... par M. Contant d'Orville. — *Paris, Hérissant fils*, 1770-1771, 6 vol. in-8°. [P. Angrand. **803-808**

Continuacion del semanario del nuevo reyno de Granada... — *Santafé de Bogotá, en la Imp. real*, 1810-1811, in-8°. [P. Angrand. **809**

(Año de 1810.)

Memoria 1a. Sobre la importancia del cultivo de la cochinilla... por D. Francisco Josef de Caldas y Tenorio,...

Memoria 2a. Sobre las causas y curacion de los cotos... por el D. D. Joaquin Camacho,...

Memoria 3a. Sobre el modo de cultivar la cochinilla, por D. Francisco Josef de Caldas y Tenorio,...

Memoria 4a. Idea de un instrumento llamado chromapicilo, que manifiesta la degradacion de los colores, por D. Jorge Tadeo Lozano Maldonado de Mendoza,...

Memoria 5a. Sobre la importancia de connaturalizar en el reyno la Vicuña del Perú y Chile, por D. Francisco Josef de Caldas y Tenorio,...

Memoria 6a. Sobre la naturaleza, causas y curacion del coto, por el D. D. Josef Luis Fernandez de Madrid,...

Memoria 7a. Que contiene los preliminares al « Almanaque del N. R. de Granada para 1811 »... por D. Francisco Josef de Caldas.

Memorias 8a-9a. Quadro fícico de las regiones equatoriales, por Federico Alexandro baron de Humboldt, traducido del frances y anotado por D. Fracisco Josef de Caldas,...

Memoria 10a. Estatistica de Mexico, por Federico Alexandro baron de Humboldt, extractada del español y añotada por don Francisco Josef de Caldas,...

Memoria 11a. Elogio historico del Dr D. Miguel Cabal, por D. Francisco Josef de Caldas,...

(Suivi de : *Especifico contra la disenteria, descubierto por el doctor D. Josef Celestino Mutis*.)

Convenio. (San José, diciembre 27 de 1862.) — *(S. l.,) Imp. nacional*, (s. d.,) in-4°. Pièce. [P. Angrand. **340**

(Manifeste en faveur de la candidature de don Jesus Jimenez à la présidence de la république de Costa-Rica.)

Cook (James), **King** (James). — A Voyage to the Pacific ocean, undertaken by command of His Majesty, for making discoveries in the northern hemisphere, performed under the direction of captains Cook, Clerke and Gore, in the years 1776, 1777, 1778, 1779, 1780, being a copious, compre-

hensive and satisfactory abridgement of the voyage written by captain James Cook,... and captain James King,... — *London, printed for Champante and Whitrow*, 1793, 4 vol. in-8°.
[P. Angrand. **810-813**

Coréal (François). — Recueil de voyages dans l'Amérique méridionale, contenant diverses observations remarquables touchant le Pérou, la Guiane, le Brésil, etc., traduits de l'espagnol et de l'anglais. — *Amsterdam, J.-F. Bernard*, 1738, 3 vol. in-12.
[P. Angrand. **814-816**

(Par François Coréal, d'après Brunet. — Les voyages de Coréal sont suivis de ceux de Walter Raleigh et de Narbrough.)

Cornette (Le P.). — Relation d'un voyage de Mexico à Guatémala, dans le cours de l'année 1855, par le P. Cornette,... Extrait des « Etudes de théologie, de philosophie et d'histoire ». — *Paris, Julien, Lanier, Cosnard et Cie*, 1858, in-8°. [P. Angrand. **817**

Cortambert (E.). — Trois des plus anciens Monuments géographiques du moyen âge, conservés à la Bibliothèque nationale, par E. Cortambert,... Extrait du « Bulletin de la Société de géographie ». (Octobre 1877.) — *Paris, C. Delagrave*, 1877, in-8°. Pièce.
[P. Angrand. **818**

Cox (Ross). — Adventures on the Columbia river, including the narrative of a residence of six years on the western side of the Rocky Mountains... by Ross Cox,... — *London, H. Colburn and R. Bentley*, 1831, 2 vol. in-8°.
[P. Angrand. **819-820**

Coxe. — Les nouvelles Découvertes des Russes entre l'Asie et l'Amérique, avec l'histoire de la conquête de la Sibérie et du commerce des Russes et des Chinois, ouvrage traduit de l'anglois de M. Coxe. (27 novembre 1780.) — *Paris, hôtel de Thou, rue des Poitevins*, 1781, in-4°. [P. Angrand. **341**

Creuzer (Frédéric). — Religions de l'antiquité, considérées principalement dans leurs formes symboliques et mythologiques, ouvrage traduit de l'allemand du Dr Frédéric Creuzer, refondu en partie, complété et développé par J.-D. Guigniaut. — *Paris, Treuttel et Würtz*, 1825-1841, 4 vol. en 10 parties in-8°. [P. Angrand. **821-830**

(Manque la 2e partie du tome IV, contenant un aperçu sur les religions de l'antiquité dans leurs rapports avec l'art, par M. A. Maury, et une table alphabétique.)

Crèvecœur (J.-Hect.-Saint-John). — Voyage dans la Haute-Pensylvanie et dans l'Etat de New-York, par un membre adoptif de la nation Onéida, traduit et publié par l'auteur des « Lettres d'un cultivateur américain ». — *Paris, Maradan*, an IX-1801, 3 vol. in-8°. [P. Angrand. **831-833**

(Ouvrage original, malgré la mention de traduction. D'après Barbier, l'auteur est J.-Hect.-Saint-John Crèvecœur.)

Cuevas, Aguirre y Espinosa (D. Joseph Francisco de). — Extracto de los autos de diligencias y reconocimientos de los rios, lagunas, vertientes, y desagues de la capital Mexico y su valle, de los caminos para su comunicacion y su comercio, de los daños que se vieron, remedios que se adbitraron, de los puntos en particular decididos, de su practica y de otros a mayor examen reservados... Lo escribio... D. Joseph Francisco de Cuevas, Aguirre y Espinosa,... (Mayo 21 de 1748.) — *Impresso en Mexico, por la viuda de D. Joseph Bernardo de Hogal*, 1748, in-fol. [P. Angrand. **76**

Cullen (Dr). — The Isthmus of Darien ship Canal, by Dr Cullen. — *London, E. Wilson*, 1852, in-8°.
[P. Angrand. **876**

Da Gama (Bernardo Jose). — Informação sobre a capitania de Maranhão, dada em 1813 ao chanceller Antonio Rodrigues Velloso, por Bernardo Jose da Gama,... — *Vienna d'Austria, imp. do filho de Carlos Gerold*, 1872, in-12. Pièce. [P. Angrand. **834**

Dalrymple. — Voyages dans la mer du Sud par les Espagnols et les Hollandois, ouvrage traduit de l'anglais de M. Dalrymple par M. de Fréville. — *Paris, Saillant et Nyon*, 1774, in-8°.
[P. Angrand. **835**

Dalton (Henry G.). — The History of British Guiana, comprising a general description of the colony... by Henry G. Dalton,... — *London, Longman, Brown, Green, and Longmans*, 1855, 2 vol. in-8°. [P. Angrand. **836-837**

Dampier (William). — A new Voyage round the world, describing particularly the isthmus of America, several coasts and islands in the West Indies, the isles of Cape Verd, the passage by Terra del Fuego, the South sea coasts of Chili, Peru and Mexico... by William Dampier,... — *London, J. Knapton*, 1697, in-8°.
[P. Angrand. **838**

Darby (William). — A geographical Description of the state of Louisiana, the southern part of the state of Mississippi and territory of Alabama... Second edition, enlarged and improved. By William Darby. (June 17, 1817.) — *New-York, J. Olmstead*, 1817, in-8°.
[P. Angrand. **839**

Delafield (John). — An Inquiry into the origin of the antiquities of America, by John Delafield,... with an appendix containing notes and « A View of the causes of the superiority of the men of the northern over those of the southern hemisphere », by James Lakey,... — *New-York, Colt, Burgess and C°*, 1839, in-4°. [P. Angrand. **342**

Del Aguila (V.). — Descripcion del estado floreciente de la Republica del Salvador, por un hijo de Guatemala. (Signé : V. Del Aguila. [Octubre 24 de 1862.]) — *San-Salvador, imp. del gobierno*, (s. d.,) in-4°. Pièce.
[P. Angrand. **343**

Del Rio (Don Antonio). — Description of the ruins of an ancient city discovered near Palenque, in the kingdom of Guatemala, in spanish America, translated from the original manuscript report of captain don Antonio Del Rio, followed by teatro critico americano, or a critical investigation and research into the history of the Americans, by doctor Paul Felix Cabrera,... — *London, H. Berthoud*, 1822, in-4°.
[P. Angrand. **344**

Denis (Ferdinand). — Arte plumaria. Les plumes, leur valeur et leur emploi dans les arts au Mexique, au Pérou, au Brésil, dans les Indes et dans l'Océanie, par Ferdinand Denis. — *Paris, E. Leroux*, 1875, in-8°.
[P. Angrand. **840**

Denis (Ferdinand). — Rapport sur quelques ouvrages de linguistique brésilienne publiés en ces derniers temps, par M. Ferdinand Denis,... — *Paris, imp. de J. Tremblay*, 1877, in-8°. Pièce.
[P. Angrand. **841**

(Extrait de l'*Annuaire de la Société américaine de France*, année 1876. — La couverture imprimée sert de titre.)

Denis (Ferdinand). — Résumé de l'histoire du Brésil, suivi du résumé de l'histoire de la Guyane, par Ferdinand Denis. — *Paris, Lecointe et Durey*, 1825, in-12. [P. Angrand. **842**

Denis (Ferdinand). — Une Fête brésilienne célébrée à Rouen en 1550. (Signé : Ferdinand Denis.) — *Paris, Techener*, 1849, in-8°.
[P. Angrand. **843**

(Article détaché du *Bulletin du bibliophile*, n°s 10, 11 et 12, 9e série.)

Denis (Ferdinand). — Les Voyages du Dr Lacerda dans l'Afrique orientale, par Ferdinand Denis. (Extrait du journal « le Brésil, courrier de l'Amérique du Sud ».) — *Paris, imp. nouvelle*, 1882, in-8°. Pièce. [P. Angrand. **844**

Denis (Ferdinand), **Famin** (C.). — Brésil, par M. Ferdinand Denis. Colombie et Guyanes, par M. C. Famin. — *Paris, Firmin-Didot frères*, 1837, 2 vol. in-8°. [P. Angrand. **845-846**

(Le faux titre porte : *L'Univers, histoire et description de tous les peuples.* — Texte et planches.)

Depons (F.). — Voyage à la partie orientale de la Terre-Ferme dans l'Amérique méridionale, fait pendant les années 1801, 1802, 1803 et 1804, contenant la description de la capitainerie générale de Caracas... par F. Depons,... — *Paris, Colnet*, 1806, 3 vol. in-8°. [P. Angrand. **847-849**

Dépôt des cartes et plans de la marine. 1er supplément au Catalogue chronologique des cartes, plans, mémoires et instructions nautiques qui composent l'hydrographie française. — *Paris, imp. de P. Dupont*, 1863, in-8°.
[P. Angrand. **850**

(Avec additions manuscrites. — La couverture imprimée porte en plus : *N°* 356.)

Derrotero de las islas Antillas, de las costas de Tierra Firme y de las del seno Mexicano, formado en la direccion de trabajos hydrográficos para inteligencia y uso de las cartas que ha publicado. — *Madrid, en la Imprenta real*, 1810, in-4°. [P. Angrand. **345**

Derrotero jeneral de las republicas del Peru, Colombia, Buenos-Ayres y Chiel se ha formado circunstanciadamente por carreras, con el objeto de dar un conocimiento ecsacto de las comunicaciones, para el jiro de diversos intereses... — *Lima, en la imp. de J. M. Concha*, 1825, in-8°. Pièce.
[P. Angrand. **851**

Descourtilz (E.). — Voyages d'un naturaliste et ses observations faites sur les trois règnes de la nature dans plusieurs ports de mer français, en Espagne, au continent de l'Amérique septentrionale, à Saint-Yago de Cuba et à St-Domingue... par M. E. Descourtilz,... — *Paris, Dufart père*, 1809, 3 vol. in-8°. [P. Angrand. **852-854**

Descripcion de las misiones del Alto-Peru. — *(S. l.,)* 1771, in-8°. [P. Angrand. **855**

(Titre pris au dos de la reliure.)

Description de l'Amérique et des parties d'icelle, comme la Nouvelle-France, Floride, des Antilles... — *A Amsterdam, chez Jean Evertz Cloppenburch*, 1619, in-fol. [P. Angrand. **101**

Desjardins (Abel). — L'Ambassadeur du grand-duc de Toscane et les proscrits florentins, épisode inédit du règne de Henri III, par M. Abel Desjardins,... — *(Paris,) Imp. impériale*, 1869, in-8°. Pièce. [P. Angrand. **856**

Desjardins (Abel). — Mémoire sur la politique extérieure de Louis XI et sur ses rapports avec l'Italie, par M. Abel Desjardins. — *Paris, Imp. impériale*, 1868, in-4°. Pièce. [P. Angrand. **346**

(Extrait du tome VIII, 2e partie, des *Mémoires de l'Académie des inscriptions et belles-lettres*.)

Desjardins (Ernest). — Les Découvertes de l'égyptologie française, par Ernest Desjardins. Extrait de la « Revue des Deux-Mondes », livraison du 15 mars 1874. — *Paris, imp. de J. Claye*, 1874, in-8°. Pièce. [P. Angrand. **857**

Desjardins (Ernest). — Du Patriotisme dans les arts, réponse à M. Vitet sur le musée Napoléon III, par Ernest Desjardins. — *Paris, E. Dentu*, 1862, in-8°. [P. Angrand. **858**

Desjardins (Ernest). — Le Pérou avant la conquête espagnole, d'après les principaux historiens originaux et quelques documents inédits sur les antiquités de ce pays, par M. Ernest Desjardins,... — *Paris, A. Bertrand*, 1858, in-8°. [P. Angrand. **859**

Desjardins (Ernest). — Rapport sur les deux ouvrages de bibliographie américaine de M. Henri Harrisse,... par M. Ernest Desjardins, lu à la séance de la commission centrale, le 18 janvier 1867. Extrait du « Bulletin de la Société de géographie ». — *Paris, imp. de E. Martinet*, 1867, in-8°. Pièce. [P. Angrand. **860**

Détroyat (Arnaud). — Notice sur les stations de l'âge de la pierre découvertes jusqu'à ce jour autour de Bayonne, par M. Arnaud Détroyat. (Juin 1879.) — *Bayonne, imp. de Lamaignère*, (s. d.,) gr. in-8°. Pièce. [P. Angrand. **347**

(Extrait du *Bulletin de la Société des sciences et arts de Bayonne* de 1879. — La couverture imprimée sert de titre.)

Diaz (Juan-Jose). — Exposition universelle internationale. République orientale de l'Uruguay, en 1878. Notice historique et statistique, suivie du catalogue des exposants, par M. Juan-Jose Diaz,... — *Paris, imp. de C. Blot*, 1878, in-8°. Pièce. [P. Angrand. **861**

Diéreville. — Relation du voyage du Port-Royal de l'Acadie ou de la Nouvelle-France... par M. Diéreville, embarqué à La Rochelle dans le navire *la Royale-Paix*. Ensuite de la relation on a ajouté le détail d'un combat donné entre les François et les Acadiens contre les Anglais. (26 novembre 1707.) — *Rouen, J.-B. Besongne*, 1708, in-12. [P. Angrand. **862**

Dixon (Capitaine George). — Voyage autour du monde et principalement à la côte nord-ouest de l'Amérique, fait en 1785, 1786, 1787 et 1788 à bord du *King-George* et de la *Queen-Charlotte* par les capitaines Portlock et Dixon,... par le capitaine George Dixon, traduit de l'anglais par M. Lebas. — *Paris, Maradan*, 1789, 2 vol. in-8°. [P. Angrand. **863-864**

Documentos para la historia, remitidos al ministerio, por un ilustre Salvadoreño, que los ha conservado cuidadosamente, temiendo que los trastornos civiles y las diversas traslaciones del archivo los hubiese confundido. — *San Salvador, imp. del gobierno*, 1862, in-8°. Pièce. [P. Angrand. **865**

Dollfus (A.), **Mont-Serrat** (E. de). — Voyage géologique dans les républiques de Guatémala et de Salvador, par MM. A. Dollfus et E. de Mont-Serrat. (Septembre 1868.) — *Paris, Imp. impériale*, 1868, in-fol. [P. Angrand. **77**

(Le faux titre porte : *Mission scientifique au Mexique et dans l'Amérique centrale. Géologie.*)

Domenech (Abbé Em.). — Manuscrit pictographique américain, précédé d'une notice sur l'idéographie des Peaux-Rouges, par l'abbé Em. Domenech,... (1er juin 1860.) — *Paris, Gide*, 1860, in-8°. [P. Angrand. **866**

Dorvo-Soulastre. — Voyage par terre de Santo-Domingo, capitale de la partie espagnole de Saint-Domingue, au Cap-Français, capitale de la partie française de la même isle, entrepris et exécuté au mois de germinal an VI, par les ordres du général de division Hédouville,... suivi d'un rapport sur l'état actuel des mines de la colonie espagnole traduit de don Juan Nieto,... et terminé par une relation sous le titre de : Mon Retour en France... Par Dorvo-Soulastre,... — *Paris*, *Chaumerot*, 1809, in-8°. [P. Angrand. **867**

Droux (Léon). — Le Mexique, ses ressources et son avenir, par Léon Droux,... (Mars 1864.) — *Paris*, *E. Dentu*, 1864, in-8°. Pièce.
[P. Angrand. **868**

Dueñas (Frai Francisco). — Pastoral. (Signé : Fr. Francisco Dueñas. [Guatemala, setiembre 24 de 1862.]) — *San Salvador*, *imp. del gobierno*, (s. d.,) in-fol. Pièce. [P. Angrand. **78**

Duflot de Mofras. — Exploration du territoire de l'Orégon, des Californies et de la mer Vermeille, exécutée pendant les années 1840, 1841 et 1842, par M. Duflot de Mofras,... — *Paris*, *A. Bertrand*, 1844, 4 livraisons formant 2 tomes in-8°. [P. Angrand. **869-872**

Du Graty (Alfred-M.). — La République du Paraguay, par Alfred-M. Du Graty,... (1er janvier 1862.) — *Bruxelles*, *Leipzig et Gand*, *C. Muquardt*, 1862, in-8°. [P. Angrand. **873**

Dunlop (Alexander). — Notes on the isthmus of Panama, with remarks on its physical geography and its prospects, in connection with the gold regions, gold mining, and washing, by Alexander Dunlop,... — *London*, *J. Thomas*, january 1852, in-8°. Pièce.
[P. Angrand. **874**

Dunn (John). — History of the Oregon territory and British North-American fur trade... by John Dunn,... Second edition. — *London*, *Edwards and Hughes*, 1846, in-8°.
[P. Angrand. **882**

Du Ponceau (P.-Et.). — Mémoire sur le système grammatical des langues de quelques nations indiennes de l'Amérique du Nord... par M. P.-Et. Du Ponceau,... (31 mars 1838.) — *Paris*, *A. Pihan de La Forest*, 1838, in-8°.
[P. Angrand. **883**

Durret. — Voyage de Marseille à Lima et dans les autres lieux des Indes occidentales, avec une exacte description de ce qu'il y a de plus remarquable tant pour la géographie que pour les mœurs... par le sieur D***. — *Paris*, *J.-B. Coignard*, 1720, 2 tomes en 1 vol. in-12. [P. Angrand. **884**
(Par Durret, d'après Barbier.)

Dusaert (Colonel). — La Carie américaine, mère en civilisation de l'antique Egypte, d'après les documents de M. l'abbé Brasseur de Bourbourg, par le colonel Dusaert,... — *Paris*, *Didier*, 1882, in-8°. [P. Angrand. **885**

Du Tertre (Le R. P. Jean-Baptiste). —Histoire générale des isles de S.-Christophe, de la Guadeloupe, de la Martinique et autres dans l'Amérique... par le R. P. Jean-Baptiste Du Tertre,... — *Paris*, *J. Langlois*, 1654, in-4°.
[P. Angrand. **348**

Edward (David B.). — The History of Texas, or the emigrant's, farmer's and politician's Guide... by David B. Edward,... — *Cincinnati*, *J.-A. James*, 1836, in-12. [P. Angrand. **886**

Edwards (Bryan). — The History civil and commercial of the British West Indies, by Bryan Edwards,... with a continuation to the present time. Fifth edition... — *London*, *for G. and W. B. Whittaker*, *etc.*, 1819, 5 vol. in-8°. [P. Angrand. **887-891**

Egede (Hans). — A Description of Greenland, by Hans Egede, who was a missionary in that country for twenty-five years, a new edition, with an historical introduction and a life of the author... Second edition. (July 20, 1741.) — *London*, *printed for T. and J. Allman*, 1818, in-8°. [P. Angrand. **892**

Eichthal (Gustave d'). — Etude sur les origines bouddhiques de la civilisation américaine, par M. Gustave d'Eichthal. Première partie. Extrait de la « Revue archéologique ». (1er juillet 1865.) — *Paris*, *aux bureaux de la « Revue archéologique »*, 1865, in-8°.
[P. Angrand. **893**

Emory (William H.). — Notes of a military reconnoissance from fort Leavenworth, in Missouri, to San Diego, in California, including parts of the Arkansas, del Norte and Gila rivers, by W. H. Emory,... made in 1846-7, with the advanced guard of the « Army of the West ». (December 15, 1847.) — *Washington, Wendell and van Benthuysen printers*, 1848, in-8°. [P. Angrand. **894**

(Senate, 30th congress, 1st session, Executive, n° 7.)

Emory (William H.). — Report on the United States and mexican Boundary survey, made under the direction of the secretary of the interior, by William H. Emory,... (July 29, 1856.) — *Washington, A. O. P. Nicholson printer*, 1857, in-4°. [P. Angrand. **349**

(Senate, 34th congress, 1st session, ex doc. n° 108.)

Empire (L') du Brésil à l'Exposition universelle de 1867, à Paris. — *Rio Janeiro, imp. de Laemmert*, 1867, in-8°. [P. Angrand. **895**

(Suivi de : *Catalogue des objets envoyés à l'Exposition universelle de Paris en 1867.*)

Empire (L') du Brésil à l'Exposition universelle de Vienne en 1873. — *Rio de Janeiro, imp. de E. et H. Laemmert*, 1873, in-8°. [P. Angrand. **896**

Engel (Sam.). — Essai sur cette question : Quand et comment l'Amérique a-t-elle été peuplée d'hommes et d'animaux? par E.-B. d'E. (1er juin 1765.) — *Amsterdam, Marc Michel Rey*, 1767, 5 vol. in-12. [P. Angrand. **897-901**

(Par Sam. Engel, bailli d'Echalens, d'après Barbier.)

Esguerra (Joaquin). — Diccionario jeográfico de los estados unidos de Colombia, por Joaquin Esguerra,... (Diciembre de 1878.) — *Bogota, J.-B. Gaitan*, 1879, in-8°. [P. Angrand. **902**

Essai de grammaire de la langue de viti, d'après les manuscrits des missionnaires maristes, coordonnés par le P. A. C. S. M. — *Paris, Poussielgue frères*, 1884, in-8°. [P. Angrand. **903**

(Œuvre de Saint-Jérôme, pour la publication des travaux philologiques des missionnaires. Deuxième fascicule.)

Explicacion del Codex tellerianoremensis. — *Paris, Maisonneuve*, 1869, 2 fasc. in-8°. [P. Angrand. **904-905**

(Articles détachés de : *Archives paléographiques de l'Orient et de l'Amérique, publiées par Léon de Rosny*, tome Ier.)

Explorations and surveys for a railroad route from the Mississipi river to the Pacific ocean. War department. Route near the thirty-fifth parallel, under the command of lieut. A. W. Whipple, topographical engineers, in 1853 and 1854. Itinerary. — *Washington*, 1854, in-4°. [P. Angrand. **350**

Exposition universelle de 1878. Catalogue du ministère de l'instruction publique, des cultes et des beaux-arts. Tome II, 2e fascicule. Missions et voyages scientifiques. Exposition théâtrale. — *Paris, imp. de la société des publications périodiques*, 1878, in-16. [P. Angrand. **906**

Exposition universelle de 1878. République du Salvador (Amérique centrale). Notice historique et statistique. — *Paris, imp. de E. Capiomont et V. Renault*, 1878, in-8°. Pièce. [P. Angrand. **907**

Eyriès (J.-B.). — Voyage pittoresque en Asie et en Afrique, résumé général des voyages anciens et modernes... par J.-B. Eyriès,... — *Paris, Furne*, 1839, 2 tomes en 1 vol. gr. in-8°. [P. Angrand. **351**

Famin (César), **Lacroix** (Frédéric), **Bory de Saint-Vincent**. — Chili, Paraguay, Uruguay, Buenos-Ayres, par M. César Famin,... Patagonie, Terre-du-Feu et archipel des Malouines, par M. Frédéric Lacroix. Iles diverses des trois océans et régions circompolaires, par M. le commandeur Bory de Saint-Vincent,... et par M. Frédéric Lacroix. — *Paris, Firmin-Didot frères*, 1840, 2 vol. in-8°. [P. Angrand. **908-909**

(Le faux titre porte : *L'Univers. Histoire et description de tous les peuples.* — Texte et planches.)

Fancourt (Charles St John). — The History of Yucatan, from its discovery to the close of the seventeenth century, by Charles St John Fancourt,... — *London, J. Murray*, 1854, in-8°. [P. Angrand. **910**

Favre (Léon). — Géographie. La Bolivie. (Signé : Léon Favre.) — *Paris, aux bureaux de la « Revue contemporaine »*, 1853, in-8°. [P. Angrand. **911**

(Articles détachés des nos du 15 et du 31 août 1853, de la *Revue contemporaine*.)

Fermin (Philippe). — Description générale, historique, géographique et physique de la colonie de Surinam... par Philippe Fermin,... — *Amsterdam, E. Van Harrevelt*, 1769, 2 tomes en 1 vol. in-8°. [P. Angrand. **912**

Fernandez Duro (Cesáreo). — Antigüedades en América central, apuntes leidos en la Sociedad geográfica de Madrid, en la sesión de 30 de diciembre de 1884, por el vicepresidente Cesáreo Fernández Duro. — *Madrid, imp. de Fontanet*, 1885, in-8°. Pièce. [P. Angrand. **913**

Fernandez Nodal (José). — Elementos de gramática quichua, ó idioma de los Yncas... por el Dr. José Fernandez Nodal,... — *Cuzco, en el depósito del autor*, (s. d.,) in-8°. [P. Angrand. **914**

Feyjoo (Don Miguel). — Relacion descriptiva de la ciudad y provincia de Truxillo del Peru... escrita por el doctor don Miguel Feyjoo,... — *En Madrid, en la imprenta del real y supremo consejo de las Indias*, 1763, in-fol. [P. Angrand. **79**

Filson (John). — Histoire de Kentucke, nouvelle colonie à l'ouest de la Virginie... ouvrage pour servir de suite aux « Lettres d'un cultivateur américain », traduit de l'anglais de M. John Filson, par M. Parraud,... (20 août 1785.) — *Paris, Buisson*, 1785, in-8°. [P. Angrand. **915**

Foigny (Gabriel de). — Nouveau Voyage de la terre australe, contenant les coutumes et les mœurs des Australiens, leur religion, leurs exercices, leurs études, leurs guerres, les animaux particuliers à ce pays... par Jaques Sadeur. — *Paris, C. Barbin*, 1693, in-12. [P. Angrand. **916**

(D'après Quérard, J. Sadeur est le pseudonyme de Gabriel de Foigny.)

Forbes (Alexander). — California, a history of upper and lower California, from their first discovery to the present time, comprising an account of the climate, soil, natural productions agriculture, commerce, etc.... by Alexander Forbes,... (22nd october, 1835.) — *London, Smith, Elder and Co.*, 1839, in-8°. [P. Angrand. **917**

Forgues (Paul-Emile Daurand). — La Chine ouverte. Aventures d'un Fan-Kouei dans le pays de Tsin, par Old Nick,... — *Paris, H. Fournier*, 1845, in-8°. [P. Angrand. **918**

(Old Nick est le pseudonyme de Paul-Emile Daurand Forgues.)

Forster (J.-R.). — Histoire des découvertes et des voyages faits dans le Nord, par M. J. R. Forster, mise en français par M. Broussonet,... — *Paris, Cuchet*, 1788, 2 vol. in-8°. [P. Angrand. **919-920**

Fournier (Eug.). — Mexicanas plantas, nuper a collectoribus expeditionis scientificæ allatas, aut longis ab annis in herbario Musei parisiensis depositas, præside J. Decaisne,... enumerandas curavit Eug. Fournier,... Pars prima. Cryptogamia, adjuvantibus Cl.-W. Nylander et Em. Bescherelle edita. — *Parisiis, ex typographeo Reipublicæ*, 1872, in-fol. [P. Angrand. **80**

(La couverture imprimée porte : *Mission scientifique au Mexique et dans l'Amérique centrale. Recherches botaniques.*)

Frejes (Fr. Francisco). — Historia breve de la conquista de los estados independientes del imperio mejicano, escrita por Fr. Francisco Frejes,... — *Zacatecas, A. Villagrana*, 1838, in-8°. [P. Angrand. **921**

Frémont (John Charles). — Geographical Memoir upon upper California, in illustration of his map of Oregon and California, by John Charles Frémont, addressed to the Senate of the United States. (June 1848.) — *Washington, Wendell and Van Benthuysen printers*, 1848, in-8°. [P. Angrand. **922**

(Senate, 30th congress, 1st session, Miscellaneous, n° 148.)

Frémont (John Charles). — Narrative of the exploring expedition to the Rocky Mountains in the year 1842, and to Oregon and north California in the years 1843-44, by brevet captain J. C. Frémont,... (Dec. 29th, 1845.) — *London, Wiley and Putnam*, 1846, in-8°. [P. Angrand. **923**

Frémont (John Charles). — Report of the exploring expedition to the Rocky Mountains in the year 1842, and to Oregon and north California in the years 1843-44, by brevet captain J. C. Frémont,... under the orders of col. J. J. Abert,... (March, 1845.) — *Washington, Gales and Seaton printers*, 1845, in-8°. [P. Angrand. **924**

(Senate, 28th congress, 2d session, n° 174.)

Frémont, Emory. — Notes of travel in California, comprising the prominent geographical, agricultural, geological and mineralogical features of the country, also the route from fort Leavenworth, in Missouri, to San Diego, in California, including parts of the Arkansas, del Norte and Gila rivers. From the official reports of col. Frémont and maj. Emory. — *New-York, D. Appleton and C°*, 1849, in-8°.
[P. Angrand. **925**

Frezier. — Relation du voyage de la mer du Sud aux côtes du Chily et du Pérou, fait pendant les années 1712, 1713 et 1714... par M. Frezier,... — *Paris, J.-G. Nyon*, 1716, in-4°.
[P. Angrand. **352**

Froebel (Julius). — Seven Years' travel in central America, northern Mexico and the Far West of the United States, by Julius Froebel. — *London, R. Bentley*, 1859, in-8°.
[P. Angrand. **926**

Froger. — Relation d'un voyage de la mer du Sud, détroit de Magellan, Brésil, Cayenne et les isles Antilles... par le Sr Froger,... — *Amsterdam, L'Honoré et Chatelain*, 1715, in-12.
[P. Angrand. **927**

Fuentes (Manuel-A.). — Lima. Esquisses historiques, statistiques, administratives, commerciales et morales, par Manuel-A. Fuentes,... (Juillet 1866.) — *Paris, Firmin-Didot frères*, 1866, gr. in-8°. [P. Angrand. **353**

Funes (D. Gregorio). — Ensayo de la historia civil del Paraguay, Buenos-Ayres y Tucuman, escrita por el doctor D. Gregorio Funes,... — *Buenos-Ayres, imp. de M. J. Gandarillas y socios*, 1816-1817, 3 vol. in-8°.
[P. Angrand. **928-930**

Gaceta de Guatemala. — *Guatemala, imp. de La Paz*, in-fol.
[P. Angrand. **81**

(N^os des 4 septembre, 2 et 8 novembre, 6 et 15 décembre, supplément du 22 décembre 1862, n^os des 8 et 15 janvier 1863.)

Gaffarel (Paul). — Etude sur les rapports de l'Amérique et de l'ancien continent avant Christophe Colomb, par Paul Gaffarel,... — *Paris, E. Thorin*, 1869, in-8°. [P. Angrand. **931**

Gage (Thomas). — Nouvelle Relation, contenant les voyages de Thomas Gage dans la Nouvelle-Espagne, ses diverses avantures et son retour dans la province de Nicaragua jusqu'à la Havane, avec la description de la ville de Mexique... — *Amsterdam, P. Marret*, 1721, 4 tomes en 2 vol. in-12.
[P. Angrand. **932-933**

Galard-Terraube (Vte de). — Tableau de Cayenne ou de la Guiane française, contenant des renseignements exacts sur son climat, ses productions, les naturels du pays... — *Paris, Vve Tilliard et fils*, an VII, in-8°.
[P. Angrand. **934**

(Par le Vte de Galard-Terraube, d'après Barbier.)

Garcia (Gregorio). — Origen de los Indios de el Nuevo Mundo, e Indias occidentales, averiguado con discurso de opiniones, por el padre presentado Fr. Gregorio Garcia,... Segunda impresion... (25 de febrero de 1729.) — *En Madrid, en la imprenta de Francisco Martinez Abad*, 1729, in-fol.
[P. Angrand. **82**

Garcia de Palacio (Don Diego). — Carta dirijida al rey de España, por el licenciado D^r don Diego Garcia de Palacio,... año 1576, being a description of the ancient provinces of Guazacapan, Izalco, Cuscatlan and Chiquimula, in the audiencia of Guatemala... — *New-York, C. B. Norton*, 1860, in-8°.
[P. Angrand. **936**

(Collection of rare and original documents and relations concerning the discovery and conquest of America, chiefly from the spanish archives. N° 1, published... by E. G. Squier,...)

Garcia Pelaez (D. Francisco de Paula). — Memorias para la historia del antiguo reyno de Guatemala, redactadas por el ilmo. señor Dr D. Francisco de Paula Garcia Pelaez,... — *Guatemala, imp. de L. Luna*, 1851-1852, 3 vol. in-8°. [P. Angrand. **937-939**

Garcia y Cubas (Antonio). — Memoria para servir á la carta general de la República mexicana, publicada por Antonio Garcia y Cubas. (Noviembre de 1861.) — *México, imp. de Andrade y Escalante*, 1861, in-8°.
[P. Angrand. **941**

Garcia y Garcia (Aurelio). — Derrotero de la costa del Peru, por Aurelio Garcia y Garcia, teniente 1° de la armada nacional y comandante del vapor de guerra *General Lerzundi*. (Abril 20 de 1863.) — *Lima, imp. de Aurelio Alfaro*, 1863, in-8°.
[P. Angrand. **942**

Garcilaso de La Vega. — Primera Parte de los commentarios reales que tratan de el origen de los Incas, reies que fueron del Perù, de su idolatria, leies y govierno en paz y en guerra, de sus vidas y conquistas... escritos por el Inca Garcilaso de La Vega,... Segunda impresion... — *En Madrid, en la Oficina real*, 1723, in-fol. [P. Angrand. **83**

Garcilaso de La Vega. — Historia general del Perù, trata el descubrimiento de el y como la ganaron los Españoles, las guerras... escrita por el Ynca Garcilaso de La Vega,... Segunda impresion... — *En Madrid, en la Oficina real*, 1722, in-fol. [P. Angrand. **84**

(Seconde partie de : *los Commentarios reales del Perù.*)

Garcilaso de La Vega. — La Florida del Inca. Historia del adelantado Hernando de Soto, governador y capitan general del reino de la Florida, y de otros heroicos caballeros españoles e indios, escrita por el Inca Garcilaso de La Vega,... Van enmendadas en esta impresion muchas erratas de la primera, y añadida copiosa tabla de las cosas notables, y el ensayo cronologico que contiene las sucedidas hasta en el año de 1722. — *En Madrid, en la Oficina real*, 1723, in-fol. [P. Angrand. **85**

(Troisième partie de : *Los Commentarios reales del Perù.* — L'essai chronologique manque.)

Garcilaso de La Vega. — Le Commentaire royal, ou l'Histoire des Incas, rois du Pérou, contenant leur origine depuis le premier Inca Manco Capac, leur établissement, leur idolâtrie, leurs sacrifices, leurs vies, leurs lois, leur gouvernement en paix et en guerre, leurs conquêtes... œuvre curieuse... écrite en langue péruvienne, par l'Inca Garcilaso de La Vega,... traduite sur la version espagnole, par J. Baudoin,... — *Paris, A. Courbé*, 1633, in-4°. [P. Angrand. **354**

Garella (Napoléon). — Projet d'un canal de jonction de l'océan Pacifique et de l'océan Atlantique à travers l'isthme de Panama, par Napoléon Garella,... — *Paris, Carilian-Gœury et V. Dalmont*, 1845, in-8°. [P. Angrand. **878** et **943**

(2 exemplaires.)

Gass (Patrick). — A Journal of the voyages and travels of a corps of discovery, under the command of captain Lewis and captain Clarke,... from the mouth of the river Missouri, through the interior parts of North America to the Pacific ocean, during the years 1804, 1805 and 1806... by Patrick Gass,... — *London, re-printed for J. Budd*, 1808, in-8°. [P. Angrand. **945**

Gavarrete (F.). — Geografia de la republica de Guatemala, por F. G. Segunda edicion. (Signé : F. Gavarrete. [Mayo 1° de 1868.]) — *Guatemala, imprenta de la Paz, C. de Guadalupe*, 1868, in-16. [P. Angrand. **946**

Gazzettiere (Il) americano, contenente un distinto ragguaglio di tutte le parti del Nuovo Mundo, della loro situazione, clima, terreno, prodotti... tradotto dall'inglese... — *In Livorno, per Marco Coltellini*, 1763, 3 vol. in-4°. [P. Angrand. **355-357**

Gemelli Careri (Gio. Francesco). — Giro del mondo, del dottor D. Gio. Francesco Gemelli Careri,... (24 settembre 1699.) — *In Napoli, nella stamperia di Giuseppe Roselli*, 1699-1700, 6 vol. in-8°. [P. Angrand. **947-952**

Gobierno (El) de Guatemala. (Signé : el Observador. [Noviembre 22 de 1862.]) — *San Salvador, imp. de la libertad*, (s. d.,) in-fol. Pièce. [P. Angrand. **86**

Gomara (Francisco Lopez de). — Francisco Lopez de Gomara. Historia de las Indias. — *(S. l. n. d.,)* in-fol. [P. Angrand. **87**

(Le titre manque. — Le titre ci-dessus est le titre de départ.)

Gomara (Francisco Lopez de). — La Historia general de las Indias, con todos los descubrimientos y cosas notables que han acaescido en ellas, dende que se ganaron hasta agora, escrita por Francisco Lopez de Gomara,... — *En Anvers, por Juan Bellero*, 1554, in-8°. [P. Angrand. **953**

Gomez (Vicente). — (Extrait des registres de la municipalité de Huizucar dans le Salvador. Délibération, en date du 28 décembre 1862, par laquelle la municipalité s'engage à soutenir le président de la république du Salvador, Gerard Barrios, contre les attaques du Guatemala, commençant par ces mots :) Vicente Gomez, alcade municipal de Huizucar, y su jurisdiccion, certifico... — *San Salvador, imp. del gobierno*, (s. d.,) in-fol. plano. [P. Angrand. **88**

Gonçalés de Mendoce (Le R. P. Juan). — Histoire du grand royaume de la Chine, situé aux Indes orientales... ensemble un itineraire du Nouveau Monde, et le descouvrement du Nouvau Mexique en l'an 1583, faite en espagnol par R. P. Iuan Gonçalés de Mendoce,... et mise en françois avec des additions en marge et deux indices par Luc de La Porte,... (1er janvier 1588.) — *Paris, Ieremie Perier*, 1588, in-8°.
[P. Angrand. **954**

Gosse (Dr H.-J.). — Rapport de la sous-commission chargée d'examiner les eaux de l'Arve au point de vue chimique et hygiénique, par H.-J. Gosse,... Juillet 1876. — *Genève, imp. de J.-G. Fick*, 1881, in-8°. [P. Angrand. **955**

Gosse (L.-A.). — Dissertation sur les races qui composaient l'ancienne population du Pérou, par L.-A. Gosse,... Extrait du tome Ier des « Mémoires de la Société d'anthropologie ». — *Paris, imp. de J. Claye*, 1861, in-8°.
[P. Angrand. **956**

Gosse (L.-A.). — Essai sur les déformations artificielles du crâne, par L.-A. Gosse,... (1er juin 1855.) — *Paris, J.-B. Baillière*, 1855, in-8°.
[P. Angrand. **958**

Gosse (L.-A.). — Monographie de l'erythroxylon coca, par L.-A. Gosse,... (Présentée à l'Académie royale de Belgique, le 3 mai 1861.) — *Bruxelles, imp. de M. Hayez*, 1861, in-8°.
[P. Angrand. **959**

(Extrait du tome XII des *Mémoires de l'Académie royale de Belgique.*)

Gosse (L.-A.). — Rapport sur la presse lithographique anglaise perfectionnée, dite à double effet, lu à la classe d'industrie et de commerce de la Société des arts de Genève, dans la séance du 17 avril 1860, par M. L.-A. Gosse,... — *(S. l.,) imp. de C. Gruaz*, (s. d.,) in-8°. Pièce. [P. Angrand. **960**

Gosse (L.-A.). — Rapport sur les questions ethnologiques et médicales relatives au Pérou, fait à la Société anthropologique de Paris, dans sa séance du 7 mars 1861, par M. le Dr L.-A. Gosse,... — *Paris, imp. de Hennuyer*, 1861, in-8°.
[P. Angrand. **957**

(Extrait du tome II des *Bulletins de la Société d'anthropologie*, 1er fascicule. — Le faux titre porte : *Instructions pour le Pérou.*)

Gosse (L.-A.). — De la Réforme des quarantaines. Mémoire adressé à Sa Majesté Charles-Albert, roi de Sardaigne, etc., etc., par L.-A. Gosse,... Tiré de la « Bibliothèque universelle de Genève ». (14 février 1842.) — *Genève, imp. de F. Ramboz*, novembre 1842, in-8°. [P. Angrand. **961**

Gosse (L.-A.). — Relation de la peste qui a régné en Grèce en 1827 et 1828, contenant des vues nouvelles sur la marche et le traitement de cette maladie, par L.-A. Gosse,... — *Paris et Genève, A. Cherbuliez*, 1838, in-8°.
[P. Angrand. **962**

Grandidier (Ernest). — Voyage dans l'Amérique du Sud, Pérou et Bolivie, par M. Ernest Grandidier,... — *Paris, M. Lévy frères*, 1861, in-8°.
[P. Angrand. **963**

Greenhow (Robert). — Answer to the strictures of Mr. Thomas Falconer of Lincoln's Inn, on the « History of Oregon and California », by Robert Greenhow. (Washington, april 1845.) — *(S. l. n. d.,)* in-8°. Pièce.
[P. Angrand. **964**

(Suivi de : *Mr Falconer's reply to Mr Greenhow's answer, with Mr Greenhow's rejoinder.* [*Washington, june 24, 1845.*])

Greenhow (Robert). — The Geography of Oregon and California, and the other territories on the north-west coast of North America... by Robert Greenhow,... — *New-York, M. H. Newman*, 1845, in-8°. Pièce.
[P. Angrand. **965**

Greenhow (Robert). — The History of Oregon and California and the other territories on the north-west coast of North America... by Robert Greenhow,... 2nd edition... (February, 1844.) — *Boston, C. C. Little and J. Brown*, 1845, in-8°. [P. Angrand. **966**

Grose (John-Henry). — A Voyage to the East-Indies, began in 1750, with observations continued till 1764, including authentic accounts of the Mogul government in general, the viceroyalties of the Deckan and Bengal... by John Henry Grose,... The second edition... — *London, S. Hooper*, 1766, 2 vol. in-8°. [P. Angrand. **967-968**

Guardia (J.-M.). — Les Républiques de l'Amérique espagnole, par J.-M. Guardia. — *Paris, L. Hachette*, juillet 1862, in-8°. [P. Angrand. **969**

Gueudeville. — Suite du voyage de l'Amérique, ou Dialogues de M. le Bon de Lahontan et d'un sauvage de l'Amérique, contenant une description exacte des mœurs et des coutumes de ces peuples sauvages, avec les voyages du même en Portugal et en Danemarc... — *Amsterdam, Vve de Boeteman*, 1728, in-12. [P. Angrand. **1067**

(Tome III de l'ouvrage du Bon de Lahontan catalogué sous les n^os [P. Angrand. 1065 et 1066. L'auteur de cette suite est Gueudeville, d'après Quérard.)

Guia de Cadiz para el año de 1845. — *Cadiz, B. Nuñez*, 1844, in-12. [P. Angrand. **970**

Guia de forasteros de Guatemala para el año 1853. — *(S. l. n. d.,)* in-12. [P. Angrand. **971**

(La préface est signée : *J.-H. Taracena.*)

Guia de forasteros en la siempre fiel isla de Cuba, para el año de 1840. — *Habana, imp. del gobierno*, (s. d.,) in-12. [P. Angrand. **972**

Guignes (De). — Voyages à Péking, Manille et l'île de France, faits dans l'intervalle des années 1784 à 1801, par M. de Guignes,... — *Paris, Imp. impériale*, 1808, 2 vol. in-8°. [P. Angrand. **973-974**

Gumilla (Le P. Joseph). — Historia natural, civil y geografica de las naciones situadas el las riveras del rio Orinoco. Su autor el padre Joseph Gumilla,... Nueva impresion... corregido por el P. Ignacio Obregón,... — *Barcelona, en la imprenta de Carlos Gibert y Tuto*, 1791, 2 vol. in-4°. [P. Angrand. **358-359**

Guzman (Dr David-J.). — Exposition universelle de 1878. République du Salvador (Amérique centrale). Catalogue des objets exposés par la république du Salvador, rédigé par M. le Dr David-J. Guzman,... — *Paris, imp. de E. Capiomont et V. Renault*, 1878, in-8°. [P. Angrand. **975**

Hall (Capitaine B.). — Voyage au Chili, au Pérou et au Mexique pendant les années 1820, 1821 et 1822, par le capitaine B. Hall,... — *Paris, A. Bertrand*, 1825, 2 vol. in-8° et 1 carte. [P. Angrand. **976-978**

Hamilton (Colonel J. P.). — Travels through the interior provinces of Columbia, by colonel J. P. Hamilton,... — *London, J. Murray*, 1827, 2 vol. in-8°. [P. Angrand. **979-980**

Hardy (R. W. H.). — Travels in the interior of Mexico in 1825, 1826, 1827 and 1828, by lieut. R. W. H. Hardy,... (October 1829.) — *London, H. Colburn and R. Bentley*, 1829, in-8°. [P. Angrand. **981**

Haven (Samuel F.). — Smithsonian contributions to knowledge. Archæology of the United States, or sketches historical and bibliographical of the progress of information and opinion respecting vestiges of antiquity in the United States, by Samuel F. Haven. (Accepted for publication, january 1855.) — *Philadelphia, T. K. and P. G. Collins printers*, (s. d.,) in-fol. [P. Angrand. **89**

Hearne (Samuel). — Voyage de Samuel Hearne, du fort du Prince de Galles, dans la baie de Hudson, à l'océan Nord, entrepris par ordre de la Compagnie de la baie de Hudson, dans les années 1769, 1770, 1771 et 1772, et exécuté par terre pour la découverte d'un passage au Nord-Ouest. Traduit de l'anglais... (par A.-J.-N. Lallemand). — *Paris, imp. de Patris*, an VII, 2 vol. in-8°. [P. Angrand. **982-983**

Heaviside (John T. C.). — American Antiquities, or the new world the old, and the old world the new, by John T. C. Heaviside. — *London, Trübner and Co.*, 1868, in-8°. Pièce. [P. Angrand. **984**

Heckewelder (Le rév. Jean). — Histoire, mœurs et coutumes des nations indiennes qui habitaient autrefois la Pensylvanie et les états voisins, par le révérend Jean Heckewelder,... Traduit de l'anglais par le chevalier Du Ponceau. (Mars 1818.) — *Paris, L. de Bure*, 1822, in-8°. [P. Angrand. **985**

Helms (Antoine-Zacharie).—Voyage dans l'Amérique méridionale, commençant par Buenos-Ayres et Potosi jusqu'à Lima... par Antoine-Zacharie Helms,... Traduit de l'anglais. Imprimé en 1812. — *Paris, Galignani*, 1815, in-8°. [P. Angrand. **986**

(Le traducteur est M. Barére de Vieuzac, d'après l'Avis de l'éditeur.)

Hennepin (Le R. P. Louis). — Description de la Louisiane, nouvellement decouverte au sud-ouest de la Nouvelle-France par ordre du roy, avec la carte du pays... par le R. P. Louis Hennepin,... (3 septembre 1682.) — *Paris, Amable Auroy*, 1688, in-12. [P. Angrand. **987**

(La carte manque.)

Hennepin (Le R. P. Louis). — Nouvelle Découverte d'un très grand pays situé dans l'Amérique, entre le Nouveau-Mexique et la mer Glaciale... par le R. P. Louis Hennepin,... — *Utrecht, G. Broedelet*, 1697, in-12. [P. Angrand. **988**

Hennepin (Le R. P. Louis). — Voyage ou nouvelle Découverte d'un très grand pays dans l'Amerique entre le Nouveau-Mexique et la mer Glaciale, par le R. P. Louis Hennepin, avec toutes les particularitez de ce païs, et de celui connu sous le nom de la Louisiane... Avec un voyage qui contient une relation exacte de l'origine, mœurs, coutumes, religion, guerres et voyages des Caraïbes, sauvages des isles Antilles de l'Amérique, faite par le sieur de La Borde, tirée du cabinet de mons[r] Blondel. — *Amsterdam, Adriaan Braakman*, 1704, in-12. [P. Angrand. **989**

Heriarte (Mauricio de). — Descripçâo do estado do Maranhào, Pará, Corupá e rio das Amazonas, feita por Mauricio de Heriarte,... — *Vienna d'Austria, imp. do filho de Carlos Gerold*, 1874, in-12. [P. Angrand. **990**

Herndon (Lieut. Wm Lewis). — Exploration of the valley of the Amazon, by lieut. Wm Lewis Herndon,... — *Washington, Taylor and Maury*, 1854, in-8°. [P. Angrand. **991**

Herrera (Antonio de). — Descripcion de las Indias ocidentales, de Antonio de Herrera,... — *En Madrid, en la Oficina real de Nicolas Rodriguez Franco*, 1730, in-fol. [P. Angrand. **90**

Herrera (Antonio de). — Historia general de los hechos de los Castellanos en las islas i tierra firme del mar Oceano, escrita por Antonio de Herrera,... — *En Madrid, en la Imprenta real de Nicolas Rodriguez Franco*, 1726-1730, 4 vol. in-fol. [P. Angrand. **91-94**

Herrera (Pablo). — Observaciones sobre el tratado de 25 de enero, celebrado en Guayaquil entre los plenipotenciarios de los jenerales Ramon Castilla y Guillermo Franco, por Pablo Herrera. — *Quito, imp. del gobierno*, 1860, in-8°. [P. Angrand. **992**

Hervâs y Panduro (Abbé don Lorenzo). — Historia de la vida del hombre. Su autor el abate don Lorenzo Hervás y Panduro,... — *En Madrid, en la imprenta de Aznár*, 1789-1799, 7 vol. in-8°. [P. Angrand. **993-999**

Hervey de Saint-Denys (Mis d'). — Mémoire sur le pays connu des anciens Chinois sous le nom de Fou-Sang, et sur quelques documents inédits pouvant servir à l'identifier, par M. le Mis d'Hervey de Saint-Denys. Extrait des « Comptes rendus des séances de l'Académie des inscriptions et belles-lettres ». — *Paris, Imp. nationale*, 1876, in-8°. Pièce. [P. Angrand. **1000**

Heuzey (L.). — Le Trésor de Cuenca, par M. L. Heuzey. Extrait de la « Gazette des beaux-arts » (livraison d'août 1870). — *Paris, imp. de J. Claye*, 1870, gr. in-8°. Pièce. [P. Angrand. **360**

(Suivi de photographies. — La couverture imprimée sert de titre.)

Hill (H. R.). — A succinct View of the importance and practicability of forming a ship canal across the isthmus of Panama, by H. R. Hill. (February 1845.) — *London, W. H. Allen*, 1845, in-8°. Pièce. [P. Angrand. **875**

Hill (S. S.). — Travels in Peru and Mexico, by S. S. Hill,... — *London, Longman, Green, Longman and Roberts*, 1860, 2 vol. in-8°. [P. Angrand. **1001-1002**

Hind (Henry Youle). — Narrative of the Canadian Red river exploring expedition of 1857, and of the Assinniboine and Saskatchewan exploring expedition of 1858, by Henry Youle Hind,... — *London, Longman, Green, Longman and Roberts*, 1860, 2 vol. in-8°. [P. Angrand. **1003-1004**

Histoire de la conquête de la Floride par les Espagnols sous Ferdinand de Soto, écrite en portugais par un gentil-homme de la ville d'Elvas, par M. D. C. — *Paris, chez Edme Couterot*, 1669, in-12. [P. Angrand. **1005**

Histoire des tremblements de terre arrivés à Lima, capitale du Pérou, et autres lieux, avec la description du Pérou, et des recherches sur les causes physiques des tremblements de terre, par M. Hales,... et autres physiciens. Traduite de l'anglois. — *La Haye*, 1752, 2 parties en 1 vol. in-12. [P. Angrand. **1006**

Hodgins (J. George). — The Geography and history of British America and of the other colonies of the empire... by J. George Hodgins,... Second edition. — *Toronto, Maclear and C°, etc.*, 1858, in-8°. [P. Angrand. **1007**

Hogan (J. Sheridan). — Le Canada, essai auquel le premier prix a été adjugé par le comité canadien de l'Exposition de Paris, par J. Sheridan Hogan. (3 mai 1855.) — *Montréal, imp. de J. Lovell*, 1855, in-8°.
[P. Angrand. **1008**

Holguin (Le P. Diego Gonzales). — Gramatica y arte nueva de la lengua general de todo el Peru, llamada lengua qquichua o lengua del Inca, añadida y cumplida en todo lo que le faltaua de tiempos y de la grammatica, y recogido en forma de arte lo mas necessario en los dos primeros libros... compuesta por el padre Diego Gonçalez Holguin,... — *Impressa en la ciudad de los Reyes del Peru, por Francisco del Canto*, 1607, in-4°. [P. Angrand. **363**

Holguin (Le P. Diego Gonzales). — Gramática y arte nueva de la lengua general de todo el Peru, llamada lengua qquichua o lengua del Inca... compuesta por el padre Diego Gonzales Holguin,... Nueva edicion... — *(S. l.,)* 1842, in-8°. [P. Angrand. **1009**

(Incomplet des pages 3 à 14 et 17 à 48.)

Holguin (Le P. Diego Gonzales). — Vocabulario de la lengua general de todo el Peru, llamada lengua qquichua o del Inca... compuesto por el padre Diego Gonzales Holguin,... — *Impresso en la ciudad de los Reyes, por Francisco del Canto*, 1608, in-4°.
[P. Angrand. **361-362**

(2 exemplaires.)

Hornius (Georgius). — Georgii Hornii de originibus americanis libri quatuor. (Kal. jan. 1652.) — *Hagæ Comitis, sumptibus Adriani Ulacq*, 1652, in-8°.
[P. Angrand. **1010**

Humboldt (Alexandre de). — Atlas géographique et physique du royaume de la Nouvelle-Espagne... par Al. de Humboldt. — *Paris, F. Schoell*, 1811, gr. in-fol. [P. Angrand. **2**

Humboldt (Alexandre de). — Humboldt. Correspondance scientifique et littéraire, recueillie, publiée et précédée d'une notice et d'une introduction par M. de La Roquette,... suivie de la biographie des correspondants de Humboldt, de notes et d'une table... — *Paris, E. Ducrocq*, 1865, in-8°.
[P. Angrand. **1011**

Humboldt (Alexandre de). — Œuvres d'Alexandre de Humboldt. Correspondance inédite, scientifique et littéraire, recueillie et publiée par M. de La Roquette,... suivie de la biographie des principaux correspondants de Humboldt et de notes... 2e partie. — *Paris, L. Guérin*, 1869, in-8°.
[P. Angrand. **1012**

Humboldt (Alexandre de). — Essai politique sur le royaume de la Nouvelle-Espagne, par Alexandre de Humboldt. 2e édition...—*Paris, J. Renouard*, 1825-1827, 4 vol. in-8°.
[P. Angrand. **1013-1016**

Humboldt (Alexandre de). — Tableaux de la nature, ou Considérations sur les déserts, sur la physionomie des végétaux, sur les cataractes de l'Orénoque, sur la structure et l'action des volcans dans les différentes régions de la terre, etc., par A. de Humboldt. Traduits de l'allemand par J.-B.-B. Eyriès. — *Paris, Gide fils*, 1828, 2 tomes en 1 vol. in-8°. [P. Angrand. **1017**

Humboldt (Alexandre de).—Voyage aux régions équinoxiales du nouveau continent, fait en 1799, 1800, 1801, 1802, 1803 et 1804 par Al. de Humboldt et A. Bonpland, rédigé par Alexandre de Humboldt, avec un atlas géographique et physique. — *Paris, à la librairie grecque - latine - allemande*, 1816-1831, 13 vol. in-8°.
[P. Angrand. **1018-1030**

Humboldt (Alexandre de). — Vues des Cordillères, et monuments des peuples indigènes de l'Amérique, par Al. de Humboldt,... — *Paris, N. Maze*, (1816-1824,) 2 vol. in-8°.
[P. Angrand. **1031-1032**

Husson (Hyacinthe). — Mythes et monuments comparés. Extrait de la « Revue générale de l'architecture et des travaux publics ». (Signé : Hyacinthe Husson.) — *Paris, imp. de J. Claye*, 1868, in-8°. [P. Angrand. **1033**

Hutchinson (Thomas J.). — Two Years in Peru, with exploration of its antiquities, by Thomas J. Hutchinson,... (November 1st 1873.) — *London, Sampson Low, Marston, Low and Searle*, 1873, 2 vol. in-8°.
[P. Angrand. **1034-1035**

Imlay (Gilbert). — A topographical Description of the western territory of North America... by Gilbert Imlay,... The third edition... — *London, printed for J. Debrett*, 1797, in-8°. [P. Angrand. **1036**

Inter - oceanic - Communication, being a collection of facts relating to the competing plans submitted for public consideration, viz : the inter-oceanic canal for all nations (the Humboldt line by the Atrato-Cupicá valleys) and the projected Darien canal from port Escoces to the gulf of San-Miguel. — *London, Baily brothers*, march 1854, in-8°. Pièce. [P. Angrand. **880**

Irisarri (Antonio-Jose de). — Defensa de los tratados de paz de Paucarpata, por Antonio Jose de Irisarri, publicada en Arequipa el 20 de enero de 1838, y reimpresa en la Paz de Ayacucho, con notas del editor marcadas con letras, y que se hallaran al fin del apendice del autor. — *(Aréquipa,) imp. del Colejio de artes*, 1838, in-8°. [P. Angrand. **1037**

Irving (Washington). — Astoria. Voyages au delà des Montagnes Rocheuses, par Washington Irving. Traduit de l'anglais par P.-N. Grolier. 2e édition. (Septembre 1836.) — *Paris, A. Allouard*, 1843, 2 tomes en 1 vol. in-8°. [P. Angrand. **1038**

Irving (Washington). — A History of the life and voyages of Christofer Columbus, by Washington Irving,... — *Paris, A. and W. Galignani*, 1829, 4 vol. in-12. [P. Angrand. **1039-1042**

Irving (Washington). — Voyages of the companions of Columbus, by Washington Irving,... — *Paris, A. and W. Galignani*, 1831, in-12. [P. Angrand. **1043**

Isabelle (Arsène). — Voyage à Buénos-Ayres et à Porto-Alègre, par la Banda-Oriental, les missions d'Uruguay et la province de Rio-Grande-do-Sul (de 1830 à 1834)... par Arsène Isabelle. (1er juillet 1835.) — *Le Havre, imp. de J. Morlent*, 1835, in-8°. [P. Angrand. **1044**

Isert (Paul-Erdman). — Voyages en Guinée et dans les iles Caraïbes en Amérique, par Paul-Erdman Isert,... tirés de sa correspondance avec ses amis, traduits de l'allemand... — *Paris, Maradan*, 1793, in-8°. [P. Angrand. **1045**

Ives (Lieutenant Joseph C.). — Report upon the Colorado river of the west, explored in 1857 and 1858 by lieutenant Joseph C. Ives,... (May 1, 1860.) — *Washington, government printing office*, 1861, in-4°. [P. Angrand. **364**

(Senate, 36th congress. 1st session. Ex doc.)

Jefferson (Thomas). — Notes on the state of Virginia, with an appendix, by Thomas Jefferson. Fourth american edition. (Feb. 27, 1787.) — *New-York, T. B. Jansen*, 1801, in-8°. [P. Angrand. **1046**

Jerez (Màximo). — Contestacion al voto de las actualidades del ministro de relaciones de Nicaragua, licenciado don Pedro Zeledon. Leon, 1862. (Signé : Màximo Jerez. [Octubre 1° de 1862.]) — *Reimpresa en San Salvador, imp. del gobierno*, (s. d.,) in-12. Pièce. [P. Angrand. **1047**

Jomard. — Catalogue des objets d'antiquité et de la collection ethnographique de feu M. Jomard,... — *Paris, imp. de E. Thunot et Cie*, 1863, in-8°. Pièce. [P. Angrand. **1048**

(Rédigé d'après une liste ms. laissée par M. Jomard.)

Jourdanet (D.). — Le Mexique et l'Amérique tropicale, climats, hygiène et maladies, par D. Jourdanet,... — *Paris, J.-B. Baillière et fils*, 1864, in-18. [P. Angrand. **1049**

Jousseaume (Dr). — Description de mollusques nouveaux, par le Dr Jousseaume. — *Meulan, imp. de A. Masson*, (s. d.,) in-8°. Pièce. [P. Angrand. **1050**

(Extrait du *Bulletin de la Société zoologique de France*, tome IX, 1884.)

Joutel. — Journal historique du dernier voyage que feu M. de La Sale fit dans le golfe de Mexique pour trouver l'embouchure et le cours de la rivière de Missicipi, nommée à présent la rivière de Saint-Louis, qui traverse la Louisiane, où l'on voit l'histoire tragique de sa mort et plusieurs choses curieuses du Nouveau-Monde, par M. Joutel, l'un des compagnons de ce voyage, rédigé et mis en ordre par M. de Michel. (18 juin 1712.) — *Paris, chez Estienne Robinot*, 1713, in-12. [P. Angrand. **1051**

Juan (Jorge), **Ulloa** (Antonio de). — Dissertacion historica y geographica sobre el meridiano de demarcacion entre los dominios de España y Portugal, y los parages por donde passa en la America meridional, conforme à los tratados y derechos de cada estado, y las mas seguras y modernas observaciones, por don Jorge Juan,... y don Antonio de Ulloa,... — *En Madrid, en la imp. de A. Marin*, 1749, in-8°.
[P. Angrand. **1052**

Juan (Jorge), **Ulloa** (Antonio de). — Noticias secretas de America, sobre el estado naval, militar y politico de los reynos del Perú, y provincias de Quito, costas de Nueva Granada y Chile, gobierno y regimen particular de los pueblos de Indios... escrittas fielmente... por don Jorge Juan y don Antonio de Ulloa,... sacadas a luz para el verdadero conocimiento del gobierno de los Espanoles en la America meridional, por don David Barry. — *Londres, en la imprenta de R. Taylor*, 1826, in-4°. [P. Angrand. **365**

Juan (Jorge), **Ulloa** (Antonio de). — Relacion historica del viage a la America meridional, hecho de orden de S. Mag. para medir algunos grados de meridiano terrestre, y venir por ellos en conocimiento de la verdadera figura y magnitud de la tierra, con otras varias observaciones astronomicas y phisicas, por don Jorge Juan,... y don Antonio de Ulloa,... — *En Madrid, por Antonio Marin*, 1748, 5 vol. in-4°. [P. Angrand. **366-370**

Juan (George), **Ulloa** (Antoine de). — Voyage historique de l'Amérique méridionale, fait par ordre du roi d'Espagne, par don George Juan,... et par don Antoine de Ulloa,... ouvrage... qui contient une histoire des Yncas du Pérou et les observations astronomiques et physiques faites pour déterminer la figure et la grandeur de la terre. — *Amsterdam et Leipzig, Arkstée et Merkus*, 1752, 2 vol. in-4°.
[P. Angrand. **371-372**
(Traduit de l'espagnol par de Mauvillon, d'après Brunet.)

Juarros (Domingo). — Compendio de la historia de la ciudad de Guatemala, escrito por... Domingo Juarros,... (23 de noviembre 1807.) — *En Guatemala, por D. Ignacio Beteta*, 1808-1818, 2 vol. in-4°. [P. Angrand. **373-374**

Jubileo circular, concedido por N. S. P. Pio VII en 4 de mayo de 1816. Turno de las iglesias en el año de 1832. — *(S. l. n. d.,)* in-4° oblong. Pièce.
[P. Angrand. **464**

Julian (Don Antonio).—La Perla de la America, provincia de Santa Marta, reconocida, observada y expuesta en discursos historicos por el sacerdote don Antonio Julian,... — *Madrid, por Antonio de Sancha*, 1787, in-4°.
[P. Angrand. **375**

Kalévala (Le), épopée finnoise. Traduit sur l'original par Ch.-E. de Ujfalvy de Mezö-Kövesd,... Première livraison. (4 novembre 1875.) — *Paris, E. Leroux*, 1876, in-8°. Pièce.
[P. Angrand. **1053**
(Actes complémentaires de la Société philologique.)

Kalm (Peter). — Travels in to North America, containing its natural history and a circumstantial account of its plantations and agriculture in general, with the civil, ecclesiastical and commercial state of the country... by Peter Kalm,... Translated in to english by John Reinhold Forster,... The second edition. (July, the 25th, 1770.) — *London, printed for T. Lowndes*, 1772, 2 vol. in-8°. [P. Angrand. **1054-1055**

Kastner (A.). — Analyse des traditions religieuses des peuples indigènes de l'Amérique. (Signé : A. Kastner.) — *Genève, Berthier-Guers*, 1840, in-8°.
[P. Angrand. **1056**

Keating (William H.). — Narrative of an expedition to the source of St-Peter's river, lake Winnepeek, lake of the Woods, etc., etc., performed in the year 1823... under the command of Stephen H. Long,... compiled from the notes of major Long, messrs Say, Keating and Colhoun, by William H. Keating,... — *Philadelphia, H. C. Carey and I. Lea*, 1824, 2 vol. in-8°.
[P. Angrand. **1057-1058**
(Le faux titre porte : *Major Long's second expedition*.)

Kelley (F.). — Projet d'un canal maritime sans écluses entre l'océan Atlantique et l'océan Pacifique, à l'aide des rivières Atrato et Truando, par M. F. Kelley,... précédé d'une introduction, avec une carte, sur les différents projets de communication interocéanique proposés jusqu'à ce jour, par M. V.-A. Malte-Brun, et suivi

d'une lettre de M. le Bon Alex. de Humboldt. Extrait des « Nouvelles Annales des voyages », janvier 1857. — *Paris, A. Bertrand*, 1857, in-8°.
[P. Angrand. **877**

Kendall (Geo. Wilkins). — Narrative of the Texan Santa Fé expedition, comprising a description of a tour through Texas... by Geo. Wilkins Kendall,... — *New-York, Harper and brothers*, 1844, 2 vol. in-8°.
[P. Angrand. **1059-1060**

King (Thomas Butler). — California. The wonder of the age, a book for every one going to or having an interest in that golden region, being the report of Thomas Butler King,... (March 20, 1850.) — *New-York, W. Gowans*, 1850, in-8°. Pièce.
[P. Angrand. **1061**

(Le titre de départ, page 3, porte : *Report on California, its population, climate, soil, products, public domain, and metallic and mineral wealth.*)

Labat (Le P.). — Nouveau Voyage aux îles de l'Amérique, contenant l'histoire naturelle de ces pays, l'origine, les mœurs, la religion et le gouvernement des habitants anciens et modernes... — *La Haye, P. Husson*, 1724, 2 vol. in-4°. [P. Angrand. **376-377**

(Le faux titre porte : *Voyage du père Labat aux îles de l'Amérique.*)

La Calancha (Antonio de). — Coronica moralizada del orden de San Augustin en el Peru, con sucesos egenplares vistos en esta monarquia... compuesta por el... maestro fray Antonio de La Calancha,... — *En Barcelona, por Pedro Lacavalleria*, 1639, in-fol.
[P. Angrand. **95**

(Tome Ier.)

La Condamine (De). — Journal du voyage fait par ordre du roi à l'équateur, servant d'introduction historique à la « Mesure des trois premiers degrés du méridien », par M. de La Condamine. — *Paris, Imp. royale*, 1751, in-4°.
[P. Angrand. **378**

La Condamine (De). — Mesure des trois premiers degrés du méridien dans l'hémisphère austral, tirée des observations de MM. de l'Académie royale des sciences envoyés par le roi sous l'équateur, par M. de La Condamine. — *Paris, Imp. royale*, 1751, in-4°.
[P. Angrand. **379**

La Condamine (De). — Relation abrégée d'un voyage fait dans l'intérieur de l'Amérique méridionale depuis la côte de la mer du Sud jusqu'aux côtes du Brésil et de la Guyane, en descendant la rivière des Amazones, lue à l'assemblée publique de l'Académie des sciences, le 28 avril 1745, par M. de La Condamine,... — *Paris, chez la Vve Pissot*, 1745, in-8°.
[P. Angrand. **1062**

Lade (Robert). — Voyages du capitaine Robert Lade en différentes parties de l'Afrique, de l'Asie et de l'Amérique... ouvrage traduit de l'anglais (par l'abbé Prévost). — *Paris, Didot*, 1744, 2 vol. in-12.
[P. Angrand. **1063-1064**

Laet (Jean de). — L'Histoire du Nouveau-Monde, ou Description des Indes occidentales, contenant dix-huit livres, par le sieur Jean de Laet, d'Anvers... — *Leyde, B. et A. Elseviers*, 1640, in-fol. [P. Angrand. **96**

Lafitau (Le R. P. Joseph-François). — Histoire des découvertes et conquêtes des Portugais dans le Nouveau-Monde... par le R. P. Joseph-François Lafitau,... — *Paris, Saugrain père*, 1733, 2 vol. in-4°. [P. Angrand. **380-381**

Lafitau (Le R. P. Joseph-François). — Mœurs des sauvages amériquains comparées aux mœurs des premiers temps, par le P. Lafitau,... — *Paris, Saugrain l'aîné*, 1724, 2 vol. in-4°.
[P. Angrand. **382-383**

Lahontan (Bon de). — Nouveaux Voyages de M. le Bon de Lahontan dans l'Amérique septentrionale, qui contient une relation des différents peuples qui y habitent, la nature de leur gouvernement... Tome Ier. — *La Haye, chez les frères Lhonoré*, 1715, in-12.
[P. Angrand. **1065**

Lahontan (Bon de). — Mémoires de l'Amérique septentrionale, ou la Suite des voyages de M. le Bon de Lahontan,... Augmenté dans se (*sic*) second tome de la manière dont les sauvages se régalent. — *La Haye, chez les frères Lhonoré*, 1715, in-12.
[P. Angrand. **1066**

(Tome II de l'ouvrage précédent. Pour le tome III, voyez Gueudeville.)

Lallement. — Histoire de la Colombie, par M. Lallement. — *Paris, A. Eymery*, 1826, in-8°. [P. Angrand. **1068**

Lanman (James H.). — History of Michigan civil and topographical, in a compendious form, with a view of the surrounding lakes, by James H. Lanman,... (Jan. 1st, 1839.) — *New-York, E. French*, 1839, in-8°.
[P. Angrand. **1069**

La Peña Montenegro (Don Alonso de). — Itinerario para parochos de Indios, en que se tratan las materias más particulares tocantes à ellos, para su buena administracion, compuesto por el... doctor don Alonso de La Peña Montenegro,... Nueva edicion, purgada de muchos yerros. (21 de junio de 1668.) — *En Amberes, a costa de los hermanos de Tournes*, 1754, in-4°.
[P. Angrand. **384**

Lapérouse (J.-F. Galaup de). — Voyage de Lapérouse, rédigé d'après ses manuscrits originaux, suivi d'un appendice renfermant tout ce que l'on a découvert depuis le naufrage jusqu'à nos jours, et enrichi de notes par M. de Lesseps,... seul débris vivant de l'expédition dont il était interprète... — *Paris, A. Bertrand*, 1831, in-8°.
[P. Angrand. **1070**

Lapham (J. A.). — Smithsonian contributions to knowledge. The antiquities of Wisconsin, as surveyed and described by J. A. Lapham,... (accepted for publication, december 1853.) — *Philadelphia, T. K. and P. G. Collins printers*, 1855, in-fol. [P. Angrand. **97**

Larenaudière (De), **Lacroix**. — Mexique et Guatémala, par M. de Larenaudière. Pérou, par M. Lacroix. — *Paris, Firmin-Didot frères*, 1843, 2 vol. in-8°. [P. Angrand. **1071-1072**

(Le faux titre porte : *L'Univers. Histoire et description de tous les peuples.* — Texte et planches.)

Laudonnière. — L'Histoire notable de la Floride, situee es Indes occidentales, contenant les trois voyages faits en icelle par certains capitaines et pilotes françois, descrits par le capitaine Laudonniere, qui y a commandé l'espace d'un an trois moys. A laquelle a esté adjousté un quatriesme voyage fait par le capitaine Gourgues. Mise en lumière par M. Basanier, gentilhomme françois, mathématicien. (1er mars 1586.) — *Paris, P. Jannet*, 1853, in-12.
[P. Angrand. **1073**

(Bibliothèque elzévirienne.)

Lauzac (Henry). — Galerie historique et critique du XIXe siècle. Le général J.-J. Flores. (Extrait du 3e volume.) (Signé : Henry Lauzac.) — *Paris, au bureau de la « Galerie historique »*, 1862, in-8°. Pièce. [P. Angrand. **1074**

Laval (Le P.). — Voyage de la Louisiane, fait par ordre du roy en l'année mil sept cent vingt... par le P. Laval,... — *Paris, J. Mariette*, 1728, in-4°.
[P. Angrand. **385**

La Vega (Diego de). — Guia de forasteros del vireynato de Buenos-Ayres para el año de 1803, dispuesta... por el señor... don Diego de La Vega. — *(S. l. n. d.,) en la real Imprenta*, in-12.
[P. Angrand. **1075**

La Véga (Le R. P. Fr. Manuel de). — Historia del descubrimiento de la América septentrional, por Cristobal Colón, escrita por el R. P. Fr. Manuel de La Vega,... Dala a luz, con varias notas... Carlos Maria de Bustamante. — *Mexico, oficina de la Testamentaria de Ontiveros*, 1826, in-8°.
[P. Angrand. **1076**

La Vega y Lacayo (Don Geronymo de). — (Rapport sur l'état du port de San-Fernando de Omoa et diverses autres questions concernant le royaume de Guatimala, adressé au roi d'Espagne, à la date du 19 janvier 1759, par don Geronymo de La Vega y Lacayo, et commençant par ces mots :) Don Geronymo de La Vega y Lacayo, sargento mayor de la plaza de la ciudad de Granada en el reyno de Goathemala, representa à V. M. el estado del puerto de S. Fernando de Omoa... — *(S. l. n. d.,)* in-fol. Pièce. [P. Angrand. **98**

Leblond. — Description de la Guyane française, ou Tableau des productions naturelles et commerciales de cette colonie, expliqué au moyen d'une carte géologico-topographique dressée par M. Poirson,... par feu M. Leblond,... 2e édition, augmentée d'une notice biographique et scientifique sur M. Leblond. — *Paris, A. Emery*, 1824, in-8°.
[P. Angrand. **1077**

Ledru (André-Pierre). — Voyage aux îles de Ténériffe, la Trinité, Saint-Thomas, Sainte-Croix et Porto-Ricco, exécuté par ordre du gouvernement français depuis le 30 septembre 1796 jusqu'au 7 juin 1798, sous la direction du capitaine Baudin, pour faire des recherches et des collections relatives à l'histoire naturelle... par André-Pierre Ledru,... ouvrage accompagné de notes et d'additions par M. Sonnini. — *Paris, A. Bertrand*, 1810, 2 tomes en 1 vol. in-8°. [P. Angrand. **1078**

Le Mascrier (Abbé J.-B.). — Mémoires historiques sur la Louisiane, contenant ce qui y est arrivé de plus mémorable depuis l'année 1687... composés sur les Mémoires de M. Dumont, par M. L. L. M. (l'abbé J.-B. Le Mascrier). — *Paris, C.-J.-B. Bauche*, 1753, 2 vol. in-12. [P. Angrand. **1079-1080**

Lempriere (Charles). — Notes in Mexico in 1861 and 1862, politically and socially considered, by Charles Lempriere,... — *London, Longman, Green, Longman, Roberts and Green*, 1862, in-8°. [P. Angrand. **1081**

Leon y Gama (Don Antonio de). — Descripcion histórica y cronológica de las dos piedras, que con ocasion del nuevo empedrado que se esta formando en la plaza principal de Mexico, se hallaron en ella el año de 1790. Explicase el sistema de los calendarios de los Indios... Por don Antonio de Leon y Gama. Dala a luz... Carlos Maria de Bustamante,... Segunda edicion. (Marzo 28 de 1832.) — *Mexico, imp. de Alejandro Valdés*, 1832, in-8°. [P. Angrand. **1082**

Le Page Du Pratz. — Histoire de la Louisiane, contenant la découverte de ce vaste pays, sa description géographique, un voyage dans les terres, l'histoire naturelle... par M. Le Page Du Pratz. — *Paris, de Bure aîné*, 1758, 3 vol. in-12. [P. Angrand. **1083-1085**

Lescallier (Daniel). — Exposé des moyens de mettre en valeur et d'administrer la Guyane... par Daniel Lescallier,... Nouvelle édition. — *Paris, Du Pont*, an VI, in-8°. [P. Angrand. **935**

Levraud (L.). — Nouvelles Annales des voyages et sciences géographiques. Lettre écrite de Quito sur les provinces de Canelos et du Napo. (10 février 1838.) — *Paris, A. Bertrand*, (s. d.,) in-8°. Pièce. [P. Angrand. **1086**

(Le nom de l'auteur, L. Levraud, se trouve au dos de la reliure. — La couverture imprimée porte : *Nouvelles Annales des voyages...* Tome 99 de la collection, IVe série, IVe année. Tome III, année 1843.)

Lewis, Clarke. — Travels to the source of the Missouri river, and across the American continent to the Pacific ocean, performed by order of the government of the United States, in the years 1804, 1805 and 1806, by captains Lewis and Clarke, published from the official report and illustrated by a map of the route and other map. (April 30, 1814.) — *London, printed for Longman, Hurst, Rees, Orme and Brown*, 1814, in-4°. [P. Angrand. **386**

Libro de actas del ayuntamiento de la ciudad de Santiago de Guatemala, comprende los seis primeros años, desde la fundacion de la misma ciudad en 1524, hasta 1530. Copiado literalmente por D. Rafael de Arévalo,... año de 1856. Edicion del Museo guatemalteco. (Julio 24 de 1855.) — *Guatemala, imp. de Luna*, (1856,) in-8°. [P. Angrand. **1087**

Libros antiguos, raros y curiosos, ya impresos ó manuscritos de venta en la librería de Santiago Pérez Junquera, 14, Salud, 14, Madrid. Catalogo general... — *(S. l.,)* 1884, in-8°. [P. Angrand. **1088**

(La couverture imprimée sert de titre.)

Lima por dentro y fuera, en consejos economicos, saludables, politicos y morales, que confiere un amigo á otro, con motivo de pretender dejar la ciudad de Mejico, por pasar á la de Lima. — *Reimpreso en Lima, imp. de la Libertad, por J. Leon*, 1829, in-8°. [P. Angrand. **1089**

Linschot (Jean-Hugues de). — Le grand Routier de mer de Jean-Hugues de Linschot, hollandais, contenant une instruction des routes et cours qu'il convient tenir en la navigation des Indes orientales et au voyage de la côte du Brésil, des Antilles et du Cap Lopo Gonsalves... le tout fidèlement recueilli des mémoires et observations des pilotes espagnols et portugais, et nouvellement traduit du flamand en français. — *A Amsterdam, chez Jean Evertsz Cloppenburch*, 1619, in-fol. [P. Angrand. **100**

Linschot (Jean-Hugues de). — Histoire de la navigation de Jean-Hugues de Linschot, Hollandois, aux Indes orientales... avec annotations de B. Paludanus, docteur en médecine, sur la matière des plantes et épiceries... 2e édition, augmentée. — *A Amsterdam, chez Jean Evertsz Cloppenburch*, 1619, in-fol. [P. Angrand. **99**

Long (J.). — Voyages chez différentes nations sauvages de l'Amérique septentrionale, renfermant des détails curieux sur les mœurs, usages... des Cahnuagas, des Indiens des cinq et six nations, Mohawks, Connecedagas, Iroquois, etc.... par J. Long,... traduits de l'anglois, avec des notes et additions interressantes, par J.-B.-L.-J. Billecocq,... Edition de 1794. — *Paris, Lebel et Guitel*, 1810, in-8°.
[P. Angrand. **1090**

Lopez (D. Santiago). — Nueva Guia de caminos, para ir desde Madrid, por los de rueda y herradura, á todas las ciudades y villas mas principales de España y Portugal, y tambien para ir de unas ciudades a otras. Cuarta edicion... por D. Santiago Lopez. — *Madrid, imp. de la viuda de Aznar*, 1828, in-12. [P. Angrand. **1091**

Lopez (Vicente Fidel). — Les Races aryennes du Pérou, leur langue, leur religion, leur histoire, par Vicente Fidel Lopez. (Agosto 10 de 1868.) — *Paris, F. Vieweg*, 1871, in-8°.
[P. Angrand. **1092**

Loskiel (George Henry). — History of the mission of the United Brethren among the Indians in North America, in three parts, by George Henry Loskiel. Translated from the german by Christian Ignatius La Trobe. (May 2d, 1788.) — *London, J. Stockdale*, 1794, 3 parties en 1 vol. in-8°.
[P. Angrand. **1093**

Mac Carthy (J.). — Choix de voyages dans les quatre parties du monde, ou Précis des voyages les plus intéressants par terre et par mer entrepris depuis l'année 1806 jusqu'à ce jour, par J. Mac Carthy. — *Paris, librairie nationale et étrangère*, 1821, 2 vol. in-8°.
[P. Angrand. **1094-1095**

(Tomes V et VI de la collection comprenant les voyages en Amérique.)

Macedo (A. de). — Notice sur le palmier carnauba, par M. A. de Macedo. — *Paris, imp. de H. Plon*, 1867, in-8°. Pièce. [P. Angrand. **1096**

Macedo (Joaquim-Manoel de). — Notions de chorographie du Brésil, par Joaquim-Manoel de Macedo. Traduction de J.-F. Halbout. — *Leipzig, imp. de F. A. Brockhaus*, 1873, in-8°.
[P. Angrand. **1097**

Mackenzie (Alexander). — Voyages from Montreal on the river St Laurence, through the continent of North America, to the Frozen and Pacific oceans, in the years 1789 and 1793... by Alexander Mackenzie,... (November 30, 1801.) — *London, printed for T. Cadell, J. and W. Dawies, Strand, etc.*, 1801, in-4°. [P. Angrand. **387**

Maffée (Le R. P. Jean-Pierre). — L'Histoire des Indes orientales et occidentales du R. P. Jean-Pierre Maffée,... traduite du latin en français par M. M. D. P. (Michel de Pure)... — *Paris, R. de Ninville*, 1665, in-4°.
[P. Angrand. **388**

Manifestacion histórica y politica de la revolucion de la América, y mas especialmente de la parte que corresponde al Perú y Rio de la Plata, obra escrita en Lima, centro de la opresion y del despotismo, en el año de 1816. — *Buenos-Ayres, imp. de los expositos*, 1818, in-16. [P. Angrand. **1098**

Maps illustrating the isthmus of Tehuantepec. — *New-York, D. Appleton*, 1852, in-8°. [P. Angrand. **1099**

Marchand (Etienne). — Voyage autour du monde pendant les années 1790, 1791 et 1792, par Etienne Marchand, précédé d'une introduction historique... avec cartes et figures, par C. P. Claret Fleurieu,... (25 floréal an V.) — *Paris, imp. de la République*, an VI-VIII, 5 vol. in-8°.
[P. Angrand. **1100-1104**
Un atlas in-4°. [P. Angrand. **469**

Marcoy (Paul). — Scènes et paysages dans les Andes. (Signé : Paul Marcoy.) — *Paris, aux bureaux de la « Revue contemporaine »*, 1858-1859, in-8°.
[P. Angrand. **1105**

(Articles détachés de la *Revue contemporaine* et *Athenæum français*, nos du 31 janvier 1858, du 31 janvier et du 15 février 1859. — Le premier article est signé : *Paul de Carmoy*.)

Mariana (Le P. Juan de). — Historia general de España, compuesta, emendada y añadida por el padre Juan de Mariana,... con el sumario y tablas. Decimaquinta impresion. — *En Madrid, por Andres Ramirez*, 1780-1782, 2 vol. in-fol. [P. Angrand. **102-103**

Markham (Clements R.). — Contributions towards a grammar and dictionary of quichua, the language of the Yncas of Peru, collected by Clements R. Markham,... (May 1863.) — *London, Trübner*, 1864, in-8°.
[P. Angrand. **1106**

Markham (Clements R.). — Travels in Peru and India, while superintending the collection of Chinchona plants and seeds in South America, and their introduction into India, by Clements R. Markham,... — *London, J. Murray*, 1862, in-8°.
[P. Angrand. **1107**

Marquez (D. Pietro). — Due antichi Monumenti di architettura messicana illustrati da D. Pietro Marquez,... (Li 12 gennaro 1804.) — *Roma, presso il Salomoni*, 1804, in-8°.
[P. Angrand. **1108**

Martin (John). — Histoire des naturels des îles Tonga ou des Amis, situées dans l'océan Pacifique, depuis leur découverte par le capitaine Cook, rédigée par John Martin, sur les détails fournis par William Mariner, qui y a passé plusieurs années. Traduite de l'anglois par A.-J.-B. Def. — *Paris, Gide fils*, novembre 1817, 2 vol. in-8°.
[P. Angrand. **1109-1110**

(Le traducteur, d'après Quérard, est M. Defauconpret.)

Martinet (J.-B.-H.). — L'Agriculture au Pérou, résumé du mémoire présenté au congrès international de l'agriculture, par J.-B.-H. Martinet,... — *Paris, 1, rue Lepeletier*, 1878, in-8°.
[P. Angrand. **1111**

(Société des agriculteurs de France.)

Martinez (Général don Tomas). — Mensaje del presidente de la República de Nicaragua, general don Tomas Martinez al congreso de 1863, y la contestacion del presidente del congreso, senador don Nicacio del Castillo. (Enero 18 de 1863.) — *Managua, imp. del gobierno*, 1863, in-4°. Pièce.
[P. Angrand. **389**

Marure (Alejandro). — Efemerides de los hechos notables acaecidos en la Republica de Centro-America, desde el año de 1821 hasta el de 1842... por Alejandro Marure,... — *Guatemala, imp. de la Paz*, 1844, in-8°.
[P. Angrand. **940**

Matériaux pour l'histoire primitive et naturelle de l'homme... revue mensuelle illustrée, fondée par M. G. de Mortillet et continuée par MM. Trutat et Cartailhac. — *Paris, C. Reinwald*, in-8°. [P. Angrand. **1112**

(6e année, 2e série, nos 7-9 [juillet-septembre 1870], no 11 [novembre 1871].
11e année, 2e série, tome VI, no 3, mars 1875.)

Mawe (Jean). — Voyages dans l'intérieur du Brésil, particulièrement dans les districts de l'or et du diamant, faits avec l'autorisation du prince régent de Portugal en 1809 et 1810, contenant aussi un voyage au Rio-de-la-Plata et un essai historique sur la révolution de Buenos-Ayres, par Jean Mawe, traduits de l'anglais par J.-B.-B. Eyries,... — *Paris, Gide fils*, 1816, 2 tomes en un vol. in-8°. [P. Angrand. **1113**

(Suivi de : *Description des îles Açores par Jean-Gustave Hebbe.*)

Mayer (Brantz). — Mexico, as it was and as it is, by Brantz Mayer,... (1st december 1843.) — *New York, J. Winchester*, 1844, in-8°. [P. Angrand. **1114**

Meares (John). — Voyages made in the years 1788 and 1789, from China to the north west coast of America, to which are prefixed an introductory narrative of voyage performed in 1786, from Bengal, in the ship *Nootka*, observations on the probable existence of a north west passage... by John Meares,... (November 16, 1790.) — *London, printed at the « Logographic press », and sold by J. Walter*, 1790, in-4°.
[P. Angrand. **390**

Mello Moraes (A.-J. de). — Historia do Brasil-reino e Brasil-imperio, comprehendendo : a historia circumstanciada dos ministerios... desde o dia 10 de março de 1808 até 1871, a da conquista de Cayenna, da independencia do Brasil, e das constituições politicas, desde 1780 até 1834... pelo Dr Mello Moraes (A.-J. de)... (25 de dezembro de 1870.) — *Rio de Janeiro, typ. de Pinheiro et C.*, 1871, in-4°. [P. Angrand. **391**

(Tome Ier.)

Memorias historicas de la revolucion politica del dia 16 de julio del año de 1809, en la ciudad de La Paz, por la independencia de America, y de los sucesos posteriores hasta el 20 de febrero de 1810. — *(S. l.,) imp. del Colejio de artes*, 1840, in-8°.
[P. Angrand. **1115**

Menasseh Ben Israel. — Origen de los Americanos. Miqwêh Yisrâ'êl esto es Esperanza de Israel, reimpresion á plana y renglon del libro de Menasseh Ben Israel,... publicado en Amsterdam 5410 (1650). Con un preámbulo, una noticia bibliográfica... por Santiago Perez Junquera. (30 de enero de 1881.) — *Madrid, S. Perez Junquera*, 1881, in-16. [P. Angrand. **1116**

Mendes de Almeida (Candido). — Atlas do imperio do Brazil, comprehendendo as respectivas divisões administrativas, ecclesiasticas, eleitoraes e judiciarias... organisado por Candido Mendes de Almeida,... (15 de maio de 1868.) — *Rio de Janeiro*, *lithographia do Instituto philomathico*, 1868, in-fol. [P. Angrand. **104**

Menendez (D. Baldomero). — Manual de geografía y estadística del Alto Perú ó Bolivia, por D. Baldomero Menendez,... (1° de agosto de 1860.) — *Paris*, *Rosa y Bouret*, 1860, in-18. [P. Angrand. **1117**

(Enciclopedia hispano-americana.)

Menendez (D. Baldomero). — Manual de geografía y estadística del Perú, por D. Baldomero Menendez,... (20 de junio de 1860.) — *Paris*, *Rosa y Bouret*, 1861, in-18. [P. Angrand. **1118**

(Enciclopedia hispano-americana.)

Merault (A.-J.). — Résumé de l'histoire des établissements européens dans les Indes occidentales, depuis le premier voyage de Christophe Colomb jusqu'à nos jours, par A.-J. Merault. — *Paris*, *Lecointe et Durey*, 1826, in-12. [P. Angrand. **1119**

(Le faux titre porte : *Collection de résumés historiques.*)

Michaux (F.-A.). — Voyage à l'ouest des monts Alléghanys dans les états de l'Ohio, du Kentucky et du Tennessée, et retour à Charleston par les Hautes-Carolines... entrepris pendant l'an X (1802)... par F.-A. Michaux,... — *Paris*, *Levrault*, *Schoell et Cie*, an XII (1804), in-8°. [P. Angrand. **1120**

Milfort (Gal). — Mémoire, ou Coup-d'œil rapide sur mes différents voyages et mon séjour dans la nation crëck, par le Gal Milfort, tastanégy ou grand chef de guerre de la nation crëck et général de brigade au service de la République française. — *Paris*, *imp. de Giguet et Michaud*, an XI (1802), in-8°. [P. Angrand. **1121**

Ministerio de marina, de comercio, y gobernacion de ultramar. Articulos adicionales al convenio de 9 de febrero de 1835, hecho entre los ministerios de hacienda y marina sobre el servicio de los buques guardacostas establecidos por la hacienda. (9 de marzo 1839.) — *(S. l. n. d.,)* in-8°. Pièce. [P. Angrand. **1122**

Molina (Felipe). — Bosquejo de la Republica de Costa Rica, seguido de apuntamientos para su historia... por Felipe Molina. — *Nueva York*, *imp. de S. W. Benedict*, 1851, in-8°. [P. Angrand. **1123**

Molina (Gio.-Ignazio). — Compendio de la historia geografica, natural y civil del reyno de Chile, escrito en italiano por el abate don Juan-Ignacio Molina,... — *En Madrid*, *por don A. de Sancha*, 1788-1795, 2 vol. in-8°. [P. Angrand. **1124-1125**

Primera parte, que abraza la historia geografica y natural, traducida en español por don Domingo Joseph de Arquellada Mendoza,...

Parte segunda, traducida al español y aumentada con varias notas por don Nicolas de La Cruz y Bahamonde.

Molina (Gio.-Ignazio). — Saggio sulla storia naturale del Chili di Gio. Ignazio Molina. Seconda edizione... — *Bologna*, *tipografia de' fratelli Masi e comp.*, 1810, in-4°. [P. Angrand. **392**

Mollien (G.). — Voyage dans la République de Colombia en 1823, par G. Mollien,... — *Paris*, *A. Bertrand*, 1824, 2 vol. in-8°. [P. Angrand. **1126-1127**

Monin, Frémin. — L'Univers, atlas classique et universel de géographie ancienne et moderne, dressé par M. Monin,... et M. Frémin,... — *Paris*, *A. Aubrée*, 1837, gr. in-fol. [P. Angrand. **3**

Montes (Francisco). — (Adresse de Francisco Montes au vice-président de la République de Honduras, démissionnaire, pour lui exprimer les regrets causés par son départ, commençant par ces mots :) Exmo señor vice-presidente. Acabo de recibir de vuestras manos un depósito sagrado... (Comayagua, diciembre 4 de 1862.) — *(S. l.,) Imp. nacional*, (s. d.,) in-4°. Pièce. [P. Angrand. **393**

Moraes (Eduardo-José de). — Navegação interior do Brasil. Noticia dos projectos apresentados para a juncção de diversas bacias hydrographicas do Brasil, ou rapido Esboço da futura rêde geral de suas vias navegaveis, por Eduardo José de Moraes,... — *Rio de Janeiro*, *typographia de Laemmert*, 1869, in-8°. [P. Angrand. **1128**

Moreau de Saint-Méry. — Recueil de vues des lieux principaux de la colonie française de Saint-Domingue, gravées par les soins de M. Ponce,... accompagnées de cartes et plans de la même colonie gravés par les soins de M. Phelipeau,... le tout principalement destiné à l'ouvrage intitulé : « Lois et constitutions des colonies françoises de l'Amérique sous le Vent, avec leur description, leur histoire, etc., par M. Moreau de Saint-Méry,... ». — *Paris, Moreau de Saint-Méry*, 1791, in-fol. [P. Angrand. **105**

Morel-Fatio (Alfred). — Catalogue des manuscrits espagnols de la Bibliothèque nationale, par M. Alfred Morel-Fatio. — *Paris, Imp. nationale*, 1881, in-4°. [P. Angrand. **394**

(1re livraison.)

Morelet (Arthur). — Voyage dans l'Amérique centrale, l'île de Cuba et le Yucatan, par Arthur Morelet. — *Paris, Gide et J. Baudry*, 1857, 2 vol. in-8°. [P. Angrand. **1129-1130**

Moro (Cayetano). — Reconocimiento del istmo de Tehuantepec, practicado en los años 1842 y 1843, con el objeto de una comunicacion oceanica... (Junio 1° de 1844.) — *Londres, Ackermann y Campa*, 1844, in-8°. [P. Angrand. **944**

(Le titre de départ, page 3, porte : *Informe general del ingeniero don Cayetano Moro.*)

Moro (Cayetano). — Reconocimiento del istmo de Tehuantepec, practicado en los años 1842 y 1843, con el objeto de una comunicacion oceánica por la comision cientifica que nombró al efecto el empresario D. José de Garay. (Signé : Cayetano Moro.) — *México, imprenta de Vicente Garcia Torres*, 1844, gr. in-8°. Pièce. [P. Angrand. **395**

Morton (Samuel George). — Some Observations on the ethnography and archæology of the American aborigines, by Samuel George Morton,... Extracted from the « American Journal of science », vol. II, second series. — *New Haven, printed by B. L. Hamlen*, 1846, in-8°. Pièce. [P. Angrand. **1131**

Mouchez (Ernest). — Hydrographie des côtes du Brésil, par M. Mouchez,... — *Paris, A. Bertrand*, (s. d.,) in-8°. Pièce. [P. Angrand. **1132**

(La couverture imprimée sert de titre.)

Mouchez (Ernest). — Positions géographiques des principaux points de la côte orientale de l'Amérique du Sud, comprise entre la Guyane française et le Paraguay, d'après les travaux exécutés pendant les campagnes du *Bisson*, du d'*Entrecasteaux* et du *Lamotte-Piquet*, de 1856 à 1866, par M. Ernest Mouchez,... — *Paris, imp. de P. Dupont*, 1868, in-8°. Pièce. [P. Angrand. **1133**

Mouchez (Ernest). — Recherches sur la longitude de la côte orientale de l'Amérique du Sud, par M. Ernest Mouchez,... (Extrait des « Annales hydrographiques », 4e trimestre, 1866.) (Octobre 1866.) — *Paris, imp. de P. Dupont*, 1866, in-8°. [P. Angrand. **1134**

Municipalidad (La) y vecindario de la ciudad leal de Cojutepeque a los Centro-Americanos. (Enero 20 de 1863.) — *San-Salvador, imp. del gobierno*, 1863, in-8°. Pièce. [P. Angrand. **1135**

(Le titre de départ, page 3, porte : *Lo que son los conservadores de Guatemala.*)

Napoléon III. — Canal of Nicaragua, or a Project to connect the Atlantic and Pacific oceans by means of a canal, by N. L. B. (Napoléon-Louis Bonaparte). — *London, printed by Mills and son*, 1846, in-8°. [P. Angrand. **1136**

Navarrete (Don Martin-Fernandez de). — Coleccion de los viages y descubrimientos que hicieron por mar los Españoles, desde fines del siglo xv... coordinada é ilustrada por don Martin Fernandez de Navarrete,... Segunda edicion... (12 de enero de 1826.) — *Madrid, en la Imprenta nacional*, 1858-1859, 5 vol. in-8°. [P. Angrand. **1137-1141**

(Les tomes III, IV et V appartiennent à la première édition.)

Nicolson (Le P.). — Essai sur l'histoire naturelle de l'isle de Saint-Domingue... — *Paris, Gobreau*, 1776, in-8°. [P. Angrand. **1142**

(Par le P. Nicolson, d'après Barbier.)

Nierembergius (Joannes-Eusebius). — Joannis Eusebii Nierembergii,... historia naturae, maxime peregrinae, libris XVI distincta... (3 aprilis 1635.) — *Antverpiæ, ex officina plantiniana Balthasaris Moreti*, 1635, in-fol. [P. Angrand. **106**

Nixon, Lecky. — Atlanto-Pacific Canal. Engineers' report to the committee for the preliminary survey of the Humboldt line of interoceanic canal communication. (Signé : Nixon, Lecky. [31st october 1853.]) — *(S. l. n. d.,)* in-8°. Pièce. [P. Angrand. **881**

Nobles (Los) de Guatemala. Decimas. — *Leon, imp. de la fraternidad,* (s. d.,) in-fol. plano. [P. Angrand. **140**

Norman (B. M.). — Rambles in Yucatan, or Notes of travel through the peninsula, including a visit to the remarkable ruins of Chi-Chen, Kabah, Zayi and Uxmal... by B. M. Norman. Second edition. (November 1842.) — *New-York, J. and H. G. Langley,* 1843, in-8°. [P. Angrand. **1143**

Notice des documents appartenant à la collection paléographique de M. Jean de Tro y Ortolano,... présentés dans l'Exposition universelle de 1867, à Paris. — *Paris, imp. de C. Lahure,* 1867, in-8° oblong. [P. Angrand. **1144**

(Français-espagnol.)

Notice sur la République Argentine. — *Paris, imp. de L. Hugonis,* 1878, in-8°. [P. Angrand. **1145**

(Suivi de : *République Argentine. Exposition universelle de Paris,* 1878. *Catalogue général détaillé.*)

Notice sur plusieurs langues indiennes de la Nouvelle-Grenade (aujourd'hui Etats-Unis de la Colombie, Amérique du Sud). (Signé : X... prêtre missionnaire de la Nouvelle-Grenade.) — *(S. l. n. d.,)* in-8°. Pièce. [P. Angrand. **1146**

Noticias de la ciudad de México y de sus alrededores. Articulos tomados del « Diccionario universal de historia y de geografia » que actualmente se publica en esta capital. — *Mexico, tipografia de F. Escalante,* 1855, gr. in-8°. [P. Angrand. **396**

Noticias de la provincia de Californias, en tres cartas, de un sacerdote religioso hijo del real convento de Predicadores de Valencia a un amigo suyo. (Signé : F. L. S.). — *En Valencia, por los hermanos de Orga,* 1794, in-8°. [P. Angrand. **1147**

Nott (J. C.), **Gliddon** (Geo. R.). — Indigenous Races of the earth, or new Chapters of ethnological inquiry... contributed by Alfred Maury,... Francis Pulszky,... and J. Aitken Meigs,... (with communications from prof. Jos. Leidy,... and prof. L. Agassiz,...) presenting fresh investigations... by J. C. Nott,... and Geo. R. Gliddon,... — *Philadelphia, J. B. Lippincott,* 1857, in-8°. [P. Angrand. **1148**

Nouvion (Victor de). — Extraits des auteurs et voyageurs qui ont écrit sur la Guyane, suivis du catalogue bibliographique de la Guyane, par Victor de Nouvion,... — *Paris, imp. de Béthune et Plon,* 1844, in-8°. [P. Angrand. **1149**

(Publications de la Société d'études pour la colonisation de la Guyane française, n° 4.)

Novajas y Solano (Don Casimiro). — La Maravilla peruana, rasgo epico, por don Casimiro Novajas y Solano,... — *(S. l.,) en la imprenta de la real casa de niños expósitos,* 1803, in-4°. [P. Angrand. **397**

Nunez de La Vega (Francisco). — Constituciones dioecesanas del obispado de Chiappa, hechas y ordenadas por... maestro D. Fr. Francisco Nuñez de La Vega,... obispo de Ciudad Real de Chiappa... año de MDCXCII. (19 januarii anni 1702.) — *En Roma, imprenta de Caietano Zenobi,* 1702, in-fol. [P. Angrand. **107**

O'Callaghan (E.-B.). — The documentary History of the state of New-York, arranged under direction of the hon. Christopher Morgan,... by E. B. O'Callaghan,... — *Albany, Weed, Parsons and Co,* 1849-1851, 4 vol. in-8°. [P. Angrand. **1150-1153**

Oexmelin (Alexandre-Olivier). — Histoire des avanturiers flibustiers qui se sont signalez dans les Indes... par Alexandre-Olivier Oexmelin. Nouvelle édition... — *Trévoux, par la Compagnie,* 1744, 4 vol. in-12. [P. Angrand. **1154-1157**

(Le titre du tome III porte en plus : *contenant le journal du voyage fait à la mer du Sud par le sieur Raveneau de Lussan,* et le tome IV a pour titre : *Histoire des pirates anglois... avec la vie et les avantures de deux femmes pirates, Marie Read et Anne Bonny, et un extrait des lois et des ordonnances concernant la piraterie, traduite de l'anglois du capitaine Charles Johnson.*)

Oliva (Le P. Anello). — Histoire du Pérou, par le P. Anello Oliva, traduite de l'espagnol, sur le manuscrit inédit, par M. H. Ternaux Compans. — *Paris, P. Jannet,* 1857, in-12. [P. Angrand. **1158**

(Bibliothèque elzévirienne.)

Olivier (Dr D.). — Dr D. Olivier. Tombe mégalithique de La Verrerie Vieille, près Saint-Paul-lez-Fayence. — *Draguignan, imp. de C. et A. Latil*, 1877, in-8°. Pièce. [P. Angrand. **1159**

(Extrait du *Bulletin de la Société d'études scientifiques et archéologiques de la ville de Draguignan.*)

Olmos (André de). — Grammaire de la langue nahuatl ou mexicaine, composée, en 1547, par le franciscain André de Olmos et publiée avec notes, éclaircissements, etc., par Rémi Siméon. (1er février 1875.) — *Paris, Imp. nationale*, 1875, in-8°. [P. Angrand. **1160**

(Le faux titre porte : *Mission scientifique au Mexique et dans l'Amérique centrale. Linguistique.*)

Omalius d'Halloy (J.-J. d'). — Des Races humaines, ou Éléments d'ethnographie, par J.-J. d'Omalius d'Halloy. — *Paris, P. Bertrand*, 1845, in-8°. [P. Angrand. **1161**

Onffroy de Thoron (Don Enrique Vte). — Amérique équatoriale, son histoire pittoresque et politique, sa géographie et ses richesses naturelles, son état présent et son avenir, par don Enrique Vte Onffroy de Thoron,... — *Paris, Vve J. Renouard*, 1866, in-8°. [P. Angrand. **1162**

Onffroy de Thoron (Don Enrique Vte). — Antiquité de la navigation de l'Océan. Voyages des vaisseaux de Salomon au fleuve des Amazones, Ophir, Tarschisch et Parvaïm, par don Enrique Onffroy de Thoron,... Extrait du journal géographique « le Globe », viie et viiie livraisons, novembre-décembre 1869. — *Genève, imp. de Carey frères*, 1869, in-8°. Pièce. [P. Angrand. **1163**

Onffroy de Thoron (Don Enrique Vte). — Voyages des flottes de Salomon et d'Hiram en Amérique. Position géographique de Parvaïm, Ophir et Tarschisch. (Signé : Vte Onffroy de Thoron.) — *Paris, imp. de G. Towne*, (s. d.,) in-4°. Pièce. [P. Angrand. **398**

Orbigny (Alcide d'). — Fragment d'un voyage au centre de l'Amérique méridionale, contenant des considérations sur la navigation de l'Amazone et de la Plata, et sur les anciennes missions des provinces de Chiquitos et de Moxos (Bolivia), par Alcide d'Orbigny. Extrait de son « Voyage dans l'Amérique méridionale »... — *Paris, P. Bertrand*, 1845, in-8°. [P. Angrand. **1164**

Orbigny (Alcide d'). — L'Homme américain (de l'Amérique méridionale), considéré sous ses rapports physiologiques et moraux, par Alcide d'Orbigny,... — *Paris, Pitois-Levrault*, 1839, 2 vol. in-8°. [P. Angrand. **1165-1166**

Ortografia de la lengua castellana, compuesta por la real Academia española. Séptima impresion, corregida y aumentada. — *Madrid, en la imp. de la viuda de Ibarra*, 1792, in-8°. [P. Angrand. **1167**

Osculati (Gaetano). — Esplorazione delle regioni equatoriali, lungo il Napo ed il fiume delle Amazzoni, frammento di un viaggio fatto nelle due Americhe, negli anni 1846-1847-1848, da Gaetano Osculati,... — *Milano, tipografia Bernardoni*, 1850, gr. in-8°. [P. Angrand. **399**

Osculati (Gaetano). — Esplorazione delle regioni equatoriali, lungo il Napo ed il fiume delle Amazzoni, frammento di un viaggio fatto nelle due Americhe, negli anni 1846-47-48, da Gaetano Osculati,... Seconda edizione... — *Milano, presso i fratelli Centenari*, 1854, gr. in-8°. [P. Angrand. **400**

Oviedo y Herrera (D. Luis-Antonio de). — Vida de la esclarecida virgen santa Rosa de Santa Maria, natural de Lima y patrona de el Peru, poema heroyco, por D. Luis Antonio de Oviedo y Herrera,... (21 de mayo de 1711.) — *En Mexico, en la imprenta real de los herederos de la viuda de Miguel de Rivera Calderon*, 1729, in-4°. [P. Angrand. **401**

Owen (David Dale). — Report of a geological survey of Wisconsin, Iowa and Minnesota, and incidentally of a portion of Nebraska territory... by David Dale Owen,... (October 30, 1851.) — *Philadelphia, Lippincott, Grambo and Co*, 1852, in-4°. [P. Angrand. **402**

Padilla (Dr don Mariano). — Ensayo histórico sobre el orígen de la enfermedad venérea ó de las bubas, y de su antigüedad tanto en Europa como en América, escrito por el Sr Dr don Mariano Padilla,... (Julio de 1856.) — *Guatemala, imp. de « la Paz »*, 1861, in-8°. [P. Angrand. **1168**

Pagès (De). — Voyages autour du monde et vers les deux pôles par terre et par mer, pendant les années 1767, 1768, 1769, 1770, 1771, 1773, 1774 et 1776, par M. de Pagès,... (10 mai 1780.) — *Paris, Moutard*, 1782, 2 vol. in-8°. [P. Angrand. **1169-1170**

Paredes (D. José-Gregorio). — Almanaque peruano, y guia de forasteros para el año de 1817, por el Dr D. José-Gregorio Paredes,... — *Lima, por D. Bernardino Ruiz*, 1816, in-12. [P. Angrand. **1171**

Paredes (D. José-Gregorio). — Calendario y guia de forasteros de Lima, para el año de 1838, por el cosmografo mayor D. J. G. Paredes. — *Lima, imp. de Jose Masias*, 1837, in-12. [P. Angrand. **1172**

Parkman (Francis). — The Discovery of the Great West, an historical narrative by Francis Parkman,... (16 september, 1869.) — *London, J. Murray*, 1869, in-8°. [P. Angrand. **1173**

Pauw. — Recherches philosophiques sur les Américains, ou Mémoires intéressants pour servir à l'histoire de l'espèce humaine. — *Paris, J.-F. Bastien*, an III, 3 vol. in-8°. [P. Angrand. **1174-1176**

(Le faux titre porte : *Œuvres philosophiques de Pauw, tomes I à III.*)

Pauw. — Recherches philosophiques sur les Egyptiens et les Chinois. — *Paris, J.-F. Bastien*, an III, 2 vol. in-8°. [P. Angrand. **1177-1178**

(Le faux titre porte : *Œuvres philosophiques de Pauw, tomes IV et V.*)

Pauw. — Recherches philosophiques sur les Grecs. — *Paris, J.-F. Bastien*, an III, 2 vol. in-8°. [P. Angrand. **1179-1180**

(Le faux titre porte : *Œuvres philosophiques de Pauw, tomes VI et VII.*)

Paz Soldan (Mariano-Felipe). — Atlas geográfico del Perú, por Mariano Felipe Paz Soldan,... (Octubre 4 de 1861.) — *Paris, Fermin-Didot hermanos, hijos y Ca*, 1865, 2 vol. gr. in-fol. [P. Angrand. **4-5**

Paz Soldan (Mariano-Felipe). — Diccionario geográfico estadístico del Perú, contiene ademas la etimologia aymara y quechua de las principales poblaciones, lagos, rios, cerros, etc., etc., por Mariano Felipe Paz Soldan,... (Junio de 1877.) — *Lima, imprenta del Estado*, 1877, in-4°. [P. Angrand. **403**

Paz Soldan (D. D. Mateo). — Geografia del Peru, obra postuma del D. D. Mateo Paz Soldan, corregida y aumentada por su hermano Mariano Felipe Paz Soldan,... Tomo primero. (Octubre 23 de 1861.) — *Paris, Fermin-Didot hermanos, hijos y Ca*, 1862, gr. in-8°. [P. Angrand. **404**

Perez Bocanegra (Juan). — Ritual formulario e institucion de curas para administrar a los naturales de este reyno los santos sacramentos del baptismo, confirmacion, eucaristia y viatico... por el bachiller Juan Perez Bocanegra,... (8 de agosto de 1631 años.) — *En Lima, por G. de Contreras*, 1631, in-4°. [P. Angrand. **405**

(En castillan et en péruvien.)

Pérez Verdia (Luis). — Compendio de la historia de México, desde sus primeros tiempos hásta la caida del segundo imperio, escrito... por el lic. Luis Pérez Verdía,... (Octubre de 1883.) — *Guadalajara, tip. del autor,* 1883, in-8°. [P. Angrand. **1181**

Pernetty (Dom). — Histoire d'un voyage aux isles Malouines, fait en 1763 et 1764, avec des observations sur le détroit de Magellan et sur les Patagons, par dom Pernetty,... Nouvelle édition... — *Paris, Saillant et Nyon*, 1770, 2 vol. in-8°. [P. Angrand. **1182-1183**

Perrin Du Lac. — Voyage dans les deux Louisianes et chez les nations sauvages du Missouri par les Etats-Unis, l'Ohio et les provinces qui le bordent, en 1801, 1802 et 1803... par M. Perrin Du Lac. — *Paris, Capelle et Renand*, 1805, in-8°. [P. Angrand. **1184**

Pfeiffer (Mme Ida). — Voyage d'une femme autour du monde, par Mme Ida Pfeiffer. Traduit de l'allemand... par W. de Suckau. 2e édition. (16 mars 1856.) — *Paris, L. Hachette*, 1859, in-18. [P. Angrand. **1185**

Pièces et documents divers sur l'Amérique. — *(S. l. n. d.,)* gr. in-8°. [P. Angrand. **406**

(Recueil factice de photographies, lettres, dessins, articles de journaux, etc.)

Piedrahita (D. Lucas-Fernandez). — Historia general de las conquistas del nuevo reyno de Granada... por el Dr D. Lucas Fernandez Piedrahita,... (9 de agosto de 1688 años.) — *Amberes, por Juan Baptista Verdussen*, (s. d.,) in-fol. [P. Angrand. **108**

(D'après Brunet, la première partie seule a été publiée.)

Pigafetta (Chevr). — Premier Voyage autour du monde par le chevr Pigafetta sur l'escadre de Magellan, pendant les années 1519, 20, 21 et 22, suivi de l'extrait du Traité de navigation du même auteur et d'une notice sur le chevalier Martin Behaim,... — *Paris, H.-J. Jansen*, an IX, in-8°. [P. Angrand. **1186**

(Un autre titre porte : *Publié pour la première fois en italien sur un manuscrit de la bibliothèque Ambroisienne de Milan, avec des notes par Charles Amoretti,... et traduit en français par le même.*)

Pike (Zebulon Montgomery). — Exploratory Travels through the western territories of North America, comprising a voyage from St Louis on the Mississipi to the source of that river, and a journey through the interior of Louisiana and the north-eastern provinces of New Spain, performed in the years 1805, 1806, 1807... by Zebulon Montgomery Pike,... (January 28th, 1811.) — *London, printed for Longman, Hurst, Rees, Orme and Brown*, 1811, in-4°. [P. Angrand. **407**

Pinart (Alphonse). — Mémoires, notices. Exploration de l'île de Pâques, par Alphonse Pinart. — *Paris, C. Delagrave*, 1878, in-8°. Pièce. [P. Angrand. **1187**

(Article détaché du *Bulletin de la Société de géographie*, septembre 1878.)

Pineda y Saldana (Tomas-Miguel). — (Mandement de Mgr Pineda y Saldaña, en date du 4 juin 1862 et commençant par ces mots :) Nos Tomas Miguel Pineda y Saldana, por la gracia de Dios y de la santa sede apostolica, obispo de Salvador, al venerable clero y demas fieles de nuestra diocesis... — *(S. l. n. d.,)* in-fol. plano. [P. Angrand. **109**

Pitou (Louis-Ange). — Voyage à Cayenne, dans les deux Amériques et chez les anthropophages... par Louis-Ange Pitou, déporté à Cayenne, pendant trois ans... (19 février 1805.) — *Paris, l'auteur*, an XIII (1805), 2 vol. in-8°. [P. Angrand. **1188-1189**

Pizarro y Orellana (Don Fernando). — Varones ilustres del nuevo mundo, descubridores, conquistadores y pacificadores del... imperio de las Indias occidentales, sus vidas, virtud, valor, hazañas y claros blasones... escrive don Fernando Pizarro y Orellana,... (28 de junio de 1639.) — *En Madrid, por Diego Diaz de La Carrera*, 1639, in-fol. [P. Angrand. **110**

Portal (Frédéric). — Des Couleurs symboliques dans l'antiquité, le moyen âge et les temps modernes, par Frédéric Portal. — *Paris, Treuttel et Würtz*, 1837, in-8°. [P. Angrand. **1190**

Posada-Arango (Dr André). — Essai ethnographique sur les aborigènes de l'état d'Antioquia, en Colombie, par le Dr André Posada-Arango, présenté à la Société d'anthropologie dans sa séance du 3 août 1871. — *Paris, G. Masson*, 1875, in-8°. Pièce. [P. Angrand. **1191**

(Article détaché des *Mémoires de la Société d'anthropologie de Paris*, 2e série, tome Ier.)

Poucel (Benjamin). — Mes Itinéraires dans les provinces du Rio de la Plata, 1854, 1855, 1856, 1857, par Benjamin Poucel,... Province de Catamarca. — *Paris, imp. de E. Martinet*, 1864, in-8°. [P. Angrand. **1192**

(La couverture imprimée porte au dos : *Extrait du « Bulletin de la Société de géographie ».*)

Poucel (Benjamin). — Les Otages de Durazno. Souvenirs du Rio de la Plata pendant l'intervention anglo-française, de 1845 à 1851, par Benjamin Poucel,... — *Paris, A. Faure*, 1864, in-8°. [P. Angrand. **1193**

Poucel (Benjamin). — Le Paraguay moderne et l'intérêt général du commerce fondé sur les lois de la géographie et sur les enseignements de l'histoire, de la statistique et d'une saine économie politique... par Benjamin Poucel,... Texte et documents. (23 avril 1867.) — *Marseille, imp. de Vve M. Olive*, 1867, in-8°. [P. Angrand. **1194**

Poucel (Benjamin). — Rapport sur le « Rejistro estadistico » de la République Argentine, par M. Benjamin Poucel,... — *Marseille, imp. de Cayer*, 1868, in-8°. [P. Angrand. **1195**

(Extrait du 31e volume du *Répertoire des travaux de la Société de statistique de Marseille.* — La couverture imprimée porte en plus : *Essai d'une monographie du Rio-de-la-Plata.*)

Practicability (The) and importance of a ship canal, to connect the Atlantic and Pacific oceans, with a history of the enterprise from its first inception to the completion of the surveys, including the instructions from F.-M. Kelley,... to William Kennish,... Report of Mr. Kennish's survey... Confirmatory report of E. W. Serrell,... and an essay upon the importance of the canal in its relations to the commerce of the world. — *New-York, G.-F. Nesbitt*, 1855, in-8°. [P. Angrand. **879**

Prescott (William H.). — History of the conquest of Mexico, with a preliminary view of the ancient mexican civilisation, and the life of the conqueror Hernando Cortés by William H. Prescott,... New edition... (October 1, 1843.) — *London, Routledge, Warne and Routledge*, 1864, in-8°.
[P. Angrand. **1196**

Prescott (William H.). — History of the conquest of Peru, with a preliminary view of the civilization of the Incas, by William H. Prescott,... (April 2, 1847.) — *Paris, Baudry*, 1847, 2 vol. in-8°. [P. Angrand. **1197-1198**

(Le faux titre porte : *Collection of ancient and modern british authors, tomes* 428 *et* 429.)

Prévost (Abbé A.-F.), **Deleyre** (Alex.), **Meusnier de Querlon** (A.-G.), **Rousselot de Surgy** (J.-P.). — Histoire générale des voyages, ou nouvelle Collection de toutes les relations de voyages par mer et par terre... — *Paris, Didot*, 1746-1770, 19 vol. in-4°.
[P. Angrand. **408-426**

(Par l'abbé A.-F. Prévost, Alex. Deleyre, A.-G. Meusnier de Querlon et J.-P. Rousselot de Surgy, d'après Barbier. Les 17 premiers volumes sont de l'abbé Prévost.)

Priest (Josiah). — American Antiquities and discoveries in the West... compiled from travels, authentic sources, and the researches of antiquarian societies, by Josiah Priest. (Fourth edition.) — *Albany, printed by Hoffman and White*, 1834, in-8°.
[P. Angrand. **1199**

Proclama de las Limeñas a sus compatriotas. — *(S. l. n. d.,)* in-8°. Pièce. [P. Angrand. **1200**

Proposiciones para un arreglo entre los gobiernos de Guatemala y el Salvador. (1862-1863.) — *(S. l.,) imp. de L. Luna*, (s. d.,) in-4°. Pièce.
[P. Angrand. **427**

Prudhomme (Louis). — Voyage à la Guyane et à Cayenne, fait en 1789 et années suivantes... par L..... M.... B.... armateur... — *Paris, rue des Marais, n°* 20, an VI, in-8°.
[P. Angrand. **1201**

(Par Louis Prudhomme, libraire à Paris, d'après Quérard.)

Pueblo (El) y los nobles, dialogo-soneto. (Enero de 1863.) — *(S. l.,) imp. de la libertad*, (s. d.,) in-8°. Pièce.
[P. Angrand. **1202**

(Manifeste des représentants de la République du Salvador, en date du 21 janvier 1863, concernant les rapports qui existent entre le Salvador et le Guatemala, commençant par ces mots :) **Pueblos** del Salvador, la representacion nacional convocada... — *(S. l.,) imp. del gobierno*, (s. d.,) in-fol. Pièce.
[P. Angrand. **111**

Puydt (R. de). — Rapport officiel de M. de Puydt, colonel du génie, chef de la commission d'exploration dans l'Amérique centrale. — *Bruxelles, imp. de Lesigne frères*, 1842, in-4°.
[P. Angrand. **428**

(Lettre de quête en faveur d'un couvent de religieuses récollettes, commençant par ces mots :) **Quando** recordamos los piadosos y magnificos monumentos... — *(S. l. n. d.,)* gr. in-8°.
[P. Angrand. **465**

Quels étaient les Sauvages que rencontra Jacques Cartier sur les rives du Saint-Laurent? (Signé : N. O., ancien missionnaire.) — *Versailles, imp. de Beau*, (s. d.,) in-8°. Pièce.
[P. Angrand. **1203**

(Extrait du cahier de septembre 1869 des *Annales de philosophie chrétienne*.)

Radiguet (Max). — Souvenirs de l'Amérique espagnole. Chili, Pérou, Brésil, par Max Radiguet. — *Paris, M. Lévy frères*, 1856, in-18. [P. Angrand. **1204**

(Collection Michel Lévy. — Avec notes manuscrites.)

Rafinesque (C. S.). — The american Nations, or Outlines of a national history of the ancient and modern nations of North and South America... by prof. C. S. Rafinesque. — *Philadelphia, published by C. S. Rafinesque*, 1836, 2 tomes en 1 vol. in-8°.
[P. Angrand. **1205**

Rafinesque (C. S.). — Ancient History, or Annals of Kentucky, with a survey of the ancient monuments of North America... by C. S. Rafinesque,... — *Frankfort in Kentucky, printed for the autor*, 1824, in-8°. Pièce.
[P. Angrand. **1206**

Raimondi (Antonio). — El Departamento de Ancachs y sus riquezas minerales, por A. Raimondi, publicado por Enrique Meiggs. — *Lima-Peru, imprenta de « el Nacional », por Pedro Lira*, 1873, in-4°. [P. Angrand. **429**

Raimondi (Antonio). — Antonio Raimondi. El Perú. (Enero 28 de 1869.) — *Lima, imp. del Estado por J. Enrique del Campo*, 1874-1880, 3 vol. in-4°. [P. Angrand. **430-432**

Raimondi (Antonio). — (Atlas se rapportant aux deux ouvrages précédents.) — *(S. l. n. d.,)* gr. in-fol. [P. Angrand. **6**

Ramon de La Sagra (Don). — Historia economico-politica y estadistica de la isla de Cuba ó sea de sus progresos en la poblacion, la agricultura, el comercio y las rentas, por don Ramon de La Sagra,... — *Habana, imprenta de las viudas de Arazoza y Soler*, 1831, in-4°. [P. Angrand. **433**

Ramos (Le R. P. Fr. Alonso). — Historia de Copacabana y de la milagrosa imagen de su virgen, escrita por el R. P. Fr. Alonso Ramos, y compendiada por el P. Fr. Rafael Sans,... — *Lima, impresa por J. Enrique del Campo*, 1867, in-8°. [P. Angrand. **1207**

Ramusio (Gio.-Battista). — Delle Navigationi et viaggi raccolte da M. Gio. Battista Ramusio,... — *In Venetia, appresso J. Giunti*, 1583-1613, 3 vol. in-fol. [P. Angrand. **112-114**

Rasetti. — La France, le Mexique et les Etats confédérés. — *Paris, E. Dentu*, 1863, in-8°. Pièce. [P. Angrand. **1208**

(Attribué à M. Rasetti, d'après Barbier.)

Raveneau de Lussan. — Journal du voyage fait à la mer du Sud avec les flibustiers de l'Amérique en 1684 et années suivantes, par le sieur Raveneau de Lussan. — *Paris, J.-B. Coignard*, 1689, in-12. [P. Angrand. **1209**

Raynal (Guillaume-Thomas). — Histoire philosophique et politique des établissemens et du commerce des Européens dans les deux Indes, par Guillaume-Thomas Raynal. — *Genève, J.-L. Pellet*, 1780, 5 vol. in-4°. [P. Angrand. **434-438**

Recherches zoologiques pour servir à l'histoire de la faune de l'Amérique centrale et du Mexique, publiées sous la direction de M. Milne-Edwards,... — *Paris, Imp. nationale*, 1870-1878, 6 vol. in-fol. [P. Angrand. **115-120**

Troisième partie. Etudes sur les Reptiles et les Batraciens, par M. Auguste Duméril,... et M. Bocourt,... (Livraisons 1-5.)

Quatrième partie. Etudes sur les Poissons, par MM. Léon Vaillant et Bocourt. (Livraisons 1 et 2.)

Cinquième partie. Etudes sur les Xiphosures et les Crustacés de la région mexicaine, par M. Alphonse Milne Edwards. (Livraisons 1-3.)

Sixième partie, 1re section. Etudes sur les Orthoptères, par M. Henri de Saussure. (Livraisons 1-3.)

Sixième partie, 2e section. Etudes sur les Myriapodes, par MM. Henri de Saussure et A. Humbert. (Livraison 5.)

Septième partie, tome Ier. Etudes sur les Mollusques terrestres et fluviatiles du Mexique et du Guatemala, par MM. P. Fischer et H. Crosse. (Livraisons 1-7.)

(Les faux titres portent : *Mission scientifique au Mexique et dans l'Amérique centrale. Recherches zoologiques.*)

Recueil de voyages au Nord, contenant divers mémoires très utiles au commerce et à la navigation. — *Amsterdam, J.-F. Bernard*, 1715-1727, 15 vol. in-12. [P. Angrand. **1210-1224**

(Deux exemplaires d'état différent, incomplets tous les deux. — D'après Barbier, l'éditeur de ce recueil est le libraire J.-Fréd. Bernard.)

Regnault (Elias), **Labaume** (Jules), **Lacroix** (Frédéric), **Denys** (Ferdinand). — Histoire des Antilles et des colonies françaises, espagnoles, anglaises, danoises et suédoises... par M. Elias Regnault. Suite des « Etats-Unis depuis 1812 jusqu'à nos jours », par MM. Elias Regnault et Jules Labaume. Possessions anglaises dans l'Amérique du Nord... par M. Frédéric Lacroix. Les Californies, l'Orégon et les possessions russes en Amérique, les îles Noutka et de la Reine Charlotte, par M. Ferdinand Denys,... — *Paris, Firmin-Didot frères*, 1849, 2 vol. in-8°. [P. Angrand. **1225-1226**

(Le faux titre porte : *L'Univers. Histoire et description de tous les peuples.* — Texte et planches.)

Relation du désastre arrivé aux villes de Lima et du Callao, au Pérou, le 28 octobre 1746, par un tremblement de terre. — *(Paris,) imp. de Gonichon*, 1747, in-4°. Pièce. [P. Angrand. **439**

Remy (Jules). — Ascension du Pichincha, notes d'un voyageur, lues à la Société d'agriculture, commerce, sciences et arts du département de la Marne, dans la séance du 1er décembre 1857, par M. Jules Remy,... — *Châlons-sur-Marne, E. Laurent*, 1858, in-8°. Pièce. [P. Angrand. **1227**

Remy (Jules). — Récits d'un vieux sauvage, pour servir à l'histoire ancienne de Havaii, notes d'un voyageur, lues à la Société d'agriculture, commerce, sciences et arts du département de la Marne, dans la séance du 15 décembre 1857, par M. Jules Remy,... — *Châlons-sur-Marne, E. Laurent*, 1859, in-8°. [P. Angrand. **1228**

Remy (Jules). — Voyage au pays des Mormons. Relation, géographie, histoire naturelle, histoire, théologie, mœurs et coutumes, par Jules Remy,... (Août 1860.) — *Paris, E. Dentu*, 1860, 2 vol. gr. in-8°.
[P. Angrand. **440-441**

Rengger, Longchamp. — Essai historique sur la révolution du Paraguay et le gouvernement dictatorial du Dr Francia, par MM. Rengger et Longchamp,... — *Stuttgart, C. Hoffmann*, 1829, in-16. [P. Angrand. **1229**

(Collection portative d'œuvres choisies de la littérature française, publiée par l'abbé Mozin et Charles Courtin. Seconde série, 42e et 43e livraisons.)

Reports of explorations and surveys, to ascertain the most practicable and economical route for a railroad from the Mississippi river to the Pacific ocean, made... in 1853-6... Volume XI. — *Washington, Beverley Tucker*, 1855, in-4°.
[P. Angrand. **442**

(Senate. 33d congress, 2d session. Ex. doc. n° 78.)

Reports of the secretary of war, with reconnaissances of routes from San Antonio to el Paso, by brevet Lt col. J. E. Johnston, lieutenant W. F. Smith, lieutenant F. T. Bryan, lieutenant N. H. Michler and captain S. G. French,... also the report of capt. R. B. Marcy's route from Fort Smith to Santa Fe, and the report of lieut. J. H. Simpson of a expedition into the Navajo country, and the report of lieutenant W. H. C. Whiting's reconnaissances of the western frontier of Texas. July 24, 1850... — *Washington, printed at the Union office*, 1850, in-8°.
[P. Angrand. **1230**

(Senate. 31st congress, 1st session. Ex. doc. n° 64.)

Republica del Salvador, America central. Gaceta oficial. — *(San-Salvador,) imp. del gobierno*, in-fol.
[P. Angrand. **121**

(Nos des 25 octobre, 20 novembre, 18 décembre 1862 et 12 février 1863.)

Restrepo (José-Manuel). — Historia de la revolucion de la Republica de Colombia, por José Manuel Restrepo,... (Junio 3 de 1825.) — *Paris, libreria americana*, 1827, 3 vol. in-12.
[P. Angrand. **1231-1233**
Un Atlas in-4°. [P. Angrand. **470**

(Présents seulement les tomes I, III et IX.)

Revista da exposição anthropologica brazileira, dirigida e collaborada por Mello Moraes Filho,... (22 de julho de 1882.) — *Rio de Janeiro, imp. de Pinheiro*, 1882, in-4°. [P. Angrand. **443**

Revue américaine et orientale. (Gérant, L. Léon de Rosny.) — *Paris, Challamel aîné*, in-8°. [P. Angrand. **1234**

(Première année, n° 1, octobre 1858.
[Deuxième année,] n° 14, novembre 1859.
Troisième année, nos 23, 26, 27, août, novembre et décembre 1860.
Quatrième année, n° 28, janvier 1861.
Deuxième série, nos 1-6, 1864.
A partir de la deuxième année, le titre devient : *Revue orientale et américaine.*)

Revue américaine. Histoire, littérature, voyages, archéologie, ethnographie, linguistique. (Directeur-propriétaire, J.-Léon de Cessac.) — *Paris, 101, rue des Feuillantines*, in-8°.
[P. Angrand. **1235**

(Première année, premier semestre, nos 1 et 2, novembre 1866 et janvier 1867.)

Revue de philologie et d'ethnographie, publiée par Ch.-E. de Ujfalvy,... — *Paris, E. Leroux*, in-8°.
[P. Angrand. **1236**

(Tome Ier, octobre 1874 à septembre 1875.
— II, octobre 1875 à décembre 1876.)

Reybaud (Louis). — Voyage pittoresque autour du monde, résumé général des voyages de découvertes de Magellan, Tasman, Dampier... etc., publié sous la direction de M. Dumont d'Urville,... (2 janvier 1834.) — *Paris, L. Tenré*, 1834-1835, 2 vol. gr. in-8°.
[P. Angrand. **444-445**

(Par M. Louis Reybaud, d'après Barbier.)

Rink (Mme). — Scènes de la vie des Européens au Grœnland, par Mme Rink. Extrait de la « Revue catholique de Louvain ». — *Louvain, C. Peeters*, 1885, in-8°. Pièce. [P. Angrand. **1237**

Rivero (Màriano-Eduardo de), **Tschudi** (Juan-Diego de). — Antigüedades peruanas, por Mariano Eduardo de Rivero,... y Juan Diego de Tschudi,... — *Viena, Imprenta imperial de la corte y del Estado*, 1851, in-4°.
[P. Angrand. **446**
Un Atlas gr. in-fol. oblong.
[P. Angrand. **8**

Rivero (Mariano-Eduardo de), **Tschudi** (Juan-Diego de). — Antiquités péruviennes, par Mariano-Eduardo de Rivero,... et Juan-Diego de Tschudi,... ouvrage traduit de l'allemand en français pour la « Revue des races latines ». — *Paris, à l'administration de la revue*, 1859, in-8°. [P. Angrand. **1238**

(Articles détachés de la *Revue des races latines* d'avril à octobre 1859.)

Robertson (W^{m}). — The History of America, by Wm Robertson,... (March 1st, 1788.) — *Paris, Baudry*, 1828, in-8°. [P. Angrand. **1239**

(Le faux titre porte : *English classics.*)

Robertson (W^{m}). — L'Histoire de l'Amérique, par M. Robertson,... traduite de l'anglois (par J.-B.-A. Suard et H. Jansen). — *Paris, Panckoucke*, 1778, 4 vol. in-12. [P. Angrand. **1240-1243**

Rochefort (De). — Histoire naturelle et morale des îles Antilles de l'Amérique... avec un vocabulaire caraïbe. 2e édition, revue et augmentée de plusieurs descriptions et de quelques éclaircissements qu'on désiroit en la précédente. — *Amsterdam, E. Roger*, 1716, in-4°. [P. Angrand. **447**

(L'épître dédicatoire est signée : *De Rochefort.*)

Rochefort (De). — Relation de l'isle de Tabago ou de la Nouvelle Oüalcre, l'une des isles Antilles de l'Amérique, par le sieur de Rochefort. — *Paris, chez Louys Billaine*, 1666, in-12. [P. Angrand. **1244**

Rogers (Woodes). — Voyage autour du monde, commencé en 1708 et fini en 1711, par le capitaine Woodes Rogers. Traduit de l'anglois... — *Amsterdam, chez la Vve de P. Marret*, 1716, 2 vol. in-12. [P. Angrand. **1245-1246**

(Suivi de : 1° *Supplément, ou Description des côtes, rades, havres... depuis Acapulco sous le 17e degré de latitude septentrionale jusques à l'isle de Chiloé, sous le 44e degré de latitude méridionale, tirée de bons manuscrits espagnols...* — Amsterdam, chez la Vve de P. Marret, 1716, in-12.

2° *Relation de la rivière des Amazones, traduite par feu M. de Gomberville,... sur l'original espagnol du P. Christophle d'Acugna,...*

3° *Journal du voyage que les pères Jean Grillet et François Bechamel,... ont fait dans la Guyane en 1674.*

Rosny (Léon de). — L'Interprétation des anciens textes mayas, par Léon de Rosny,... suivie d'un aperçu de la grammaire maya, d'un choix de textes originaux, avec traduction, et d'un vocabulaire. (27 août 1875.) — *Paris, G. Bossange*, 1875, in-8°. [P. Angrand. **1247**

(Extrait des *Archives de la Société américaine de France*, 2e série, tome Ier. — Tiré à 85 exemplaires.)

Rossignon (Julio). — Republica de Guatemala en Centro America. Catalogo analitico y razonado de los objetos presentados por la República de Guatemala a la Exposicion universal de Paris (1878), redactado por Julio Rossignon,... — *Guatemala, tipografia de « el Progreso »*, 1878, gr. in-8°. [P. Angrand. **448**

Roux de Rochelle. — Etats-Unis d'Amérique, par M. Roux de Rochelle,... — *Paris, F. Didot frères*, 1837, 2 vol. in-8°. [P. Angrand. **1248-1249**

(Le faux titre porte : *L'Univers. Histoire et description de tous les peuples.* — Texte et planches.)

Rufz (Dr E.). — Enquête sur le serpent de la Martinique (vipère fer de lance, Bothrops lancéolé, etc.), 2e édition, par le Dr E. Rufz. — *Paris, Germer Baillière*, 1859, in-8°. [P. Angrand. **1250**

Sahagun (Le R. P. Fr. Bernardino de). — Historia general de las cosas de Nueva España, que en doce libros y dos volumenes escribió el R. P. Fr. Bernardino de Sahagun,... Dala a luz con notas y suplementos Carlos Maria de Bustamante,... — *México, imprenta del Ciudadano Alejandro Valdés*, 1829-1830, 3 vol. in-8°. [P. Angrand. **1251-1253**

Saint-Amant (De). — Voyages en Californie et dans l'Orégon, par M. de Saint-Amant, envoyé du gouvernement français, en 1851-1852. — *Paris, L. Maison*, 1854, in-8°. [P. Angrand. **1254**

Salvin (Osbert). — A Description of a series of photographic views of the ruins of Copan, central America, taken by Osbert Salvin,... — *(S. l.,) Smith, Beck and Beck*, september 1863, in-8°. Pièce. [P. Angrand. **1255**

Sanford (Ezekiel). — A History of the United States before the revolution, with some account of the aborigines, by Ezekiel Sanford. (Feb. 18, 1819.) — *Philadelphia, A. Finley*, 1819, in-8°.
[P. Angrand. **1256**

Santa-Cruz (Andres). — El Protector de la Confederacion Peru-Boliviana a los Nor-Peruanos. (Signé : Andres Santa-Cruz. [7 de noviembre de 1838.]) — *(S. l. n. d.,)* in-4°. Pièce.
[P. Angrand. **466**

Santiago Arcos. — La Plata, étude historique, par Santiago Arcos. — *Paris, M. Lévy frères*, 1865, in-8°.
[P. Angrand. **1257**

Sartiges (Cte de). — Voyage dans les républiques de l'Amérique du Sud. (Signé : E.-S. de Lavandais [Cte de Sartiges].) — *Paris, au bureau de la « Revue des Deux-Mondes »*, 1851, in-8°.
[P. Angrand. **1258**

(Articles détachés des n^os^ du 15 janvier, 1er mars et 15 juin 1851 de la *Revue des Deux-Mondes*.)

Saussure (Henri de). — Coup d'œil sur l'hydrologie du Mexique, principalement de la partie orientale, accompagné de quelques observations sur la nature physique de ce pays, par Henri de Saussure,... — *Genève, imp. de J.-G. Fick*, 1862, in-8°. [P. Angrand. **1259**

(Extrait des *Mémoires de la Société de géographie de Genève*. — La couverture imprimée porte en plus : *Première partie*.)

Scherer (Jean-Benoît). — Recherches historiques et géographiques sur le Nouveau-Monde, par Jean-Benoît Scherer,... — *Paris, Brunet*, 1777, in-8°. [P. Angrand. **1260**

Schoolcraft (Henry R.). — The American Indians, their history, condition and prospects, from original notes and manuscripts, by Henry R. Schoolcraft,... New revised edition. — *Buffalo, G.-H. Derby*, 1851, in-8°.
[P. Angrand. **1261**

Schoolcraft (Henry R.). — Historical and statistical Information, respecting the history, condition and prospects of the Indian tribes of the United States, collected and prepared... by Henry R. Schoolcraft,... Part I. (July 22^d^, 1850.) — *Philadelphia, Lippincott, Grambo and Co.*, 1851, in-fol.
[P. Angrand. **122**

(Le faux titre porte : *Ethnological researches respecting the red man of America*.)

Schoolcraft (Henry R.). — Narrative of an expedition through the Upper-Mississipi to Itasca Lake, the actual source of this river, embracing an exploratory trip through the St. Croix and Burntwood (or Broule) rivers, in 1832, under the direction of Henry R. Schoolcraft. (October 10, 1833.) — *New-York, Harper and brothers*, 1834, in-8°. [P. Angrand. **1262**

Schoolcraft, Allen. — Schoolcraft and Allen. Expedition to north-west Indians. — *(S. l.,) printed by Gales and Seaton*, (1834,) in-8°.
[P. Angrand. **1263**

(22d and 23d Congress, 1st session, doc. n° 152 and 323, Ho. of Reps.)

Seixas Barroso (Abbé Romualdo Maria de). — Quelques Mots sur l'église de Bahia (Brésil), par l'abbé Romualdo Maria de Seixas Barroso,... (25 avril 1870.) — *Rome, imp. de Salviucci*, 1870, in-8°. Pièce.
[P. Angrand. **1264**

Siglo (El). — *(San Salvador,) imp. del « Siglo »*, in-fol. [P. Angrand. **123**

(2e année, juillet-décembre 1852.)

Skinner (J.). — The present State of Peru, comprising its geography, topography, natural history... etc., the whole drawn from original and authentic documents... — *London, printed for Richard, Phillips*, 1805, in-4°.
[P. Angrand. **449**

(Par J. Skinner, d'après Watt. — Voyez l'ouvrage suivant [P. Angrand. 1265. 1266.].)

Skinner (J.). — Voyages au Pérou, faits dans les années 1791 à 1794, par les PP. Manuel Sobreviela et Narcisso y Barcelo, précédés d'un tableau de l'état actuel de ce pays... publiés à Londres en 1805, par John Skinner, d'après l'original espagnol, traduits par P.-F. Henry,... — *Paris, J.-G. Dentu*, 1809, 2 vol. in-8°.
[P. Angrand. **1265-1266**

Un Atlas in-4°. [P. Angrand. **471**

(Cet ouvrage est, d'après Brunet, la traduction du livre anglais : *The present State of Peru...* publié à Londres en 1805, in-4°.
[P. Angrand. 449.)

Sloane (Sir Hans). — Histôire de la Jamaïque, traduite de l'anglois par M. ***, ancien officier de dragons. — *Londres, Nourse*, 1751, 2 vol. in-12.
[P. Angrand. **1267-1268**

(D'après Barbier, l'auteur est sir Hans Sloane et le traducteur M. Raulin.)

Smet (Le P. P. J. de). — Missions de l'Orégon et voyages dans les Montagnes Rocheuses, en 1845 et 1846, par le père P. J. de Smet,... ouvrage traduit de l'anglais par M. Bourlez. (1er août 1847.) — *Paris*, *Poussielgue-Rusand*, 1848, in-12.
[P. Angrand. **1269**

Smith (William). — Histoire de la Nouvelle-York, depuis la découverte de cette province jusqu'à notre siècle... On y a joint une description géographique du pays... Par William Smith. Traduite de l'anglais par M. E***. — *Londres*, 1767, in-12.
[P. Angrand. **1270**

(Traduit par M.-A. Eidous, d'après Quérard.)

Snider (A.). — La Création et ses mystères dévoilés, ouvrage où l'on expose clairement la nature de tous les êtres, les éléments dont ils sont composés et leurs rapports avec le globe et les astres, la nature et la situation du feu du soleil, l'origine de l'Amérique et de ses habitants primitifs... par A. Snider. — *Paris*, *A. Franck*, 1858, in-8°.
[P. Angrand. **1271**

Solis y Ribadeneyra (Antonio de). — Historia de la conquista de Mexico, poblacion y progressos de la America septentrional, conocida por el nombre de Nueva España. Escriviala don Antonio de Solis y Ribadeneyra,... (Noviembre 17 de 1684.) — *En Madrid*, *en la imprenta de don Antonio Mayoral*, 1768, in-4°. [P. Angrand. **450**

Solis y Ribadeneyra (Antonio de). — Historia de la conquista de Mexico, poblacion y progresos de la America septentrional, conocida por el nombre de Nueva España. Escribiala don Antonio de Solis y Ribadeneyra,... (Noviembre 17 de 1684.) — *Barcelona*, *por Thomas Piferrer*, 1771, 2 vol. in-8°.
[P. Angrand. **1272-1273**

Solorzano Pereyra (Juan de). — Politica indiana, compuesta por el doct. D. Juan de Solorzano Pereyra,... dividida en seis libros, en los quales con gran distincion y estudio se trata y resuelve todo lo tocante al descubrimiento, descripcion, adquisicion y retencion de las mesmas Indias... Sale en esta tercera impression ilustrada por el licenc. D. Francisco Ramiro de Valenzuela,... (8 de junio de 1646 años.) — *En Madrid*, *por Matheo Sacristan*, 1736-1739, 2 vol. in-fol. [P. Angrand. **124-125**

Soury (Jules). — L'Asie Mineure, d'après les nouvelles découvertes archéologiques. (Signé : Jules Soury.) — *Paris*, *au bureau de la « Revue des Deux-Mondes »*, 1873, in-8°. Pièce.
[P. Angrand. **1274**

(Article détaché de la *Revue des Deux-Mondes*, 15 octobre 1873.)

Soury (Jules). — La Bible d'après les nouvelles découvertes archéologiques. (Signé : Jules Soury.) — *Paris*, *au bureau de la « Revue des Deux-Mondes »*, 1872, in-8°. Pièce.
[P. Angrand. **1275**

(Article détaché de la *Revue des Deux-Mondes*, 1er février 1872.)

Souza (Pedro Lopes de), **Fernandes** (Duarte). — Diario da navegação de Pedro Lopes de Souza, pela costa do Brazil até o Rio Uruguay (de 1530 a 1532). (4a edição,) acompanhada de varios documentos e notas, e livro da viagem da nao *Bretoa* ao Cabo Frio (em 1511), por Duarte Fernandes (nova edição). Tudo annotado e precedido de um noticioso prologo, escripto pelo seu editor F.-A. de Varnhagen. — *Rio-de-Janeiro*, *typ. de D. L. dos Santos*, 1867, in-8°. [P. Angrand. **1276**

Spitzer (F.), **Wiener** (Ch.). — Collection Frédéric Spitzer. Portulan de Charles-Quint, donné à Philippe II, accompagné d'une notice explicative par MM. F. Spitzer et Ch. Wiener. — *Paris*, *imp. de J. Claye*, 1875, in-fol. oblong. [P. Angrand. **126**

(Tiré à cent exemplaires.)

Squier (E. G.). — Apuntamientos sobre Centro-América, particularmente sobre los estados de Honduras y San Salvador... por E. G. Squier,... traducidos del ingles por un Hondureño. — *Paris*, *imp. de G. Gratiot*, 1856, in-8°.
[P. Angrand. **1277**

Squier (E. G.). — Chemin de fer interocéanique de Honduras (Amérique centrale). Rapport de E. G. Squier,... — *New-York*, 29, *William Street*, 1855, in-8°. [P. Angrand. **1278**

Squier (E. G.). — Compéndio de la historia politica de Centro-América, escrito en ingles por Mr. E. Geo. Squier, y traducido al castellano por un Centro-Americano. (24 junio 1864.) — *Paris*, *imp. de G. Gratiot*, 1856, in-18.
[P. Angrand. **1279**

Squier (E. G.). — Lettre de M. E. G. Squier à propos de la lettre de M. Brasseur de Bourbourg insérée au cahier des Annales d'août 1855, à M. Alfred Maury. Extrait des « Nouvelles Annales des voyages », décembre 1855. (10 novembre 1855.) — *Paris, A. Bertrand*, 1855, in-8°. Pièce.
[P. Angrand. **1280**

Squier (E. G.). — Nicaragua, its people, scenery, monuments, and the proposed interoceanic canal... by E. G. Squier,... — *London, Longman, Brown, Green and Longmans*, 1852, 2 vol. in-8°. [P. Angrand. **1281-1282**

Squier (E. G.). — Smithsonian Contributions to knowledge. Aboriginal monuments of the state of New-York... by E. G. Squier,... Accepted for publication the Smithsonian Institution, october 20th 1849. — *New-York, printed by E. O. Jenkins*, 1850, in-fol.
[P. Angrand. **127**

Squier (E. G.). — The States of central America, their geography, topography, climate... comprising chapters on Honduras, San Salvador, Nicaragua, Costa Rica, Guatemala, Belize, the Bay Islands, the Mosquito Shore and the Honduras inter-oceanic railway, by E. G. Squier,... — *New-York, Harper and brothers*, 1858, in-8°.
[P. Angrand. **1283**

Squier (E. G.), **Davis** (E. H.). — From the Smithsonian Contributions to knowledge. Ancient monuments of the Mississippi valley, by E. G. Squier and E. H. Davis,... (September 1848.) — *New-York, Bartlett and Welford*, 1848, in-fol. [P. Angrand. **128**

Stanley (J. M.). — Portraits of north american Indians, with sketches of scenery, etc., painted by J. M. Stanley. Deposited with the Smithsonian Institution. — *Washington, Smithsonian Institution*, december 1852, in-8°.
[P. Angrand. **1284**

Stedman (Capitaine J. G.). — Voyage à Surinam et dans l'intérieur de la Guyane... par le capitaine J. G. Stedman, traduit de l'anglais par P.-F. Henry. Suivi du tableau de la colonie française de Cayenne... — *Paris, F. Buisson*, an VI, 3 vol. in-8°.
[P. Angrand. **1285-1287**
Un Atlas in-4°. [P. Angrand. **472**

Stephens (John L.). — Incidents of travel in central America, Chiapas, and Yucatan, by John L. Stephens,... Twelfth edition. — *New-York, Harper and brothers*, 1850, 2 vol. in-8°.
[P. Angrand. **1288-1289**

Stephens (John L.). — Incidents of travel in Yucatan, by John L. Stephens,... — *New-York, Harper and brothers*, 1860, 2 vol. in-8°.
[P. Angrand. **1290-1291**

Stevenson (W. B.). — Relation historique et descriptive d'un séjour de vingt ans dans l'Amérique du Sud, ou Voyage en Araucanie, au Chili, au Pérou et dans la Colombie, suivie d'un précis des révolutions des colonies espagnoles de l'Amérique du Sud, traduite de l'anglais de W. B. Stevenson,... et augmentée de la suite des révolutions de ces colonies depuis 1823 jusqu'à ce jour par Sétier. — *Paris, A.-J. Kilian*, 1826, 3 vol. in-8°.
[P. Angrand. **1292-1294**

Stoddard (Amos). — Sketches historical and descriptive of Louisiana, by major Amos Stoddard,... — *Philadelphia, Mathew Carey*, 1812, in-8°.
[P. Angrand. **1295**

Succinta Indicação de alguns manuscriptos importantes, respectivos ao Brazil e a Portugal, existentes no Museo Britannico em Londres, e não comprehendidos no catalogo Figanière, publicado em Lisboa em 1853, ou simples Additamento ao dito catalogo. (Signé : F. A. V. [Fevereiro de 1862.]) — *Habana, imprenta la Antilla*, 1863, in-16. Pièce. [P. Angrand. **1296**

Sullivan (James). — The History of the district of Maine, by James Sullivan,... (March 1795.) — *Boston, printed by I. Thomas and E. T. Andrews*, 1795, in-8°. [P. Angrand. **1297**

Tardieu (Ambroise). — Atlas universel de géographie ancienne et moderne, dressé par Ambroise Tardieu, revu et corrigé par A. Vuillemin, pour l'intelligence de la « Géographie universelle de Malte-Brun Lavallée ». — *Paris, Furne, Jouvet et Cie*, (s. d.,) in-fol. [P. Angrand. **129**

Taureaux. — (Recueil de pièces relatives aux combats de taureaux.) — In-fol. [P. Angrand. **141**

Teatro. — *(S. l. n. d.,)* in-4°. Pièce. [P. Angrand. **467**

(Annonce de la représentation de : *El Trobador hijo de la Bruja, o la Monja perjura*, de D. Antonio Garcia Gutierrez.)

Ternaux-Compans (H.). — Bibliothèque asiatique et africaine, ou Catalogue des ouvrages relatifs à l'Asie et à l'Afrique qui ont paru depuis la découverte de l'imprimerie jusqu'en 1700, par H. Ternaux-Compans. — *Paris, A. Bertrand*, 1841, in-8°. [P. Angrand. **1298**

Textes en langue tarasque. — *Orléans, imp. de G. Jacob*, (s. d.,) in-8°. Pièce. [P. Angrand. **1299**

(Publié par le Cte de Charencey.)

Thiercelin (D[r]). — Etude sur le nitrate de soude de la province de Tarapaca (Pérou), par M. le Dr Thiercelin. Extrait des « Annales de chimie et de physique », 4e série, tome XIII. — *Paris, imp. de Gauthier-Villars*, (s. d.,) in-8°. Pièce. [P. Angrand. **1300**

Thiéry de Menonville. — Traité de la culture du nopal et de l'éducation de la cochenille dans les colonies françaises de l'Amérique, précédé d'un voyage à Guaxaca, par M. Thiéry de Menonville,... — *Le Cap-Français, Vve Herbault*, 1787, 2 vol. in-8°. [P. Angrand. **1301**

(Présent seulement le tome Ier, contenant le voyage à Guaxaca.)

Thomassy (R.). — De La Salle et ses relations inédites de la découverte du Mississipi (extrait de la « Géologie pratique de la Louisiane »), par R. Thomassy,... — *Paris, C. Douniol*, 1859, in-4°. Pièce. [P. Angrand. **451**

Torquemada (F. Juan de). — Primera (-tercera) parte de los veinte i un libros rituales i monarchia Indiana, con el origen y guerras de los Indios ocidentales, de sus poblaçones, descubrimiento, conquista, conversion y otras cosas maravillosas de la mesma tierra, distribuydos en tres tomos, compuesto por F. Juan de Torquemada,... — *En Madrid, en la oficina y a costa de Nicolas Rodriguez Franco*, 1723, 3 vol. in-fol. [P. Angrand. **130-132**

(2e édition.)

Torres Rubio (Le P. Diego de). — Arte y vocabulario de la lengua quichua general de los Indios de el Perú, que compuso el padre Diego de Torres Rubio,... y añadio el P. Juan de Figueredo,... — *Reimpresso en Lima, en la imprenta de la plazuela de San Cristoval*, 1754, in-8°. [P. Angrand. **1302**

(Manquent les 6 feuillets préliminaires, les feuillets 1-3 et les feuillets 231 et suivants. — La Bibliothèque possède un exemplaire complet qui porte la cote : Réserve. X. 2138.)

Touron (Le R. P.). — Histoire générale de l'Amérique depuis sa découverte, qui comprend l'histoire naturelle, ecclésiastique, militaire, morale et civile des contrées de cette grande partie du monde, par le R. P. Touron,... — *Paris, chez Jean-Thomas Hérissant fils*, 1768-1770, 14 vol. in-12. [P. Angrand. **1303-1316**

Townsend (John K.). — Narrative of a journey across the Rocky Mountains to the Columbia river, and a visit to the Sandwich Islands, Chili, etc., with a scientific appendix, by John K. Townsend,... — *Philadelphia, H. Perkins*, 1839, in-8°. [P. Angrand. **1317**

Transactions of the American ethnological Society. — *New-York, Bartlett and Welford*, 1845-1848, 2 vol. in-8°. [P. Angrand. **1318-1319**

Tres Relaciones de antigüedades peruanas. Publicalas el ministerio de fomento, con motivo del congreso internacional de Americanistas, que ha de celebrar se en Bruselas el presente año. (20 de julio de 1879.) — *Madrid, imprenta y fundicion de M. Tello*, 1879, in-8°. [P. Angrand. **1320**

(1. Relacion, por el licenciado Fernando de Santillan. 2. Relacion anonima. 3. Relacion por D. Joan de Santacruz Pachacuti.)

Tschudi (Dr J. J. von). — Travels in Peru, during the years 1838-1842, on the coast, in the sierra, across the Cordilleras and the Andes, into the primeval forests, by Dr J. J. von Tschudi. Translated from the german by Thomasina Ross. — *London, David Bogue*, 1847, in-8°. [P. Angrand. **1321**

Tschudi (J. J. von), **Lopez** (Vicente Fidel). — Deux Lettres à propos d'archéologie péruvienne. Première lettre : le Dr J. J. von Tschudi à M. V. F. Lopez. Deuxième lettre : M. Vicente Fidel Lopez au Dr J. J. von Tschudi. — *Buenos-Aires, C. Casavalle*, 1878, in-8°. Pièce. [P. Angrand. **1322**

Tylor (Edward B.). — Anahuac, or Mexico and the Mexicans, ancient and modern, by Edward B. Tylor. — *London, Longman, Green, Longman and Roberts*, 1861, in-8°. [P. Angrand. **1323**

Uhde (Adolphe). — Die Länder am Untern Rio Bravo del Norte, geschichtliches und erlebtes, von Adolphe Uhde,... (1 September 1861.) — *Heidelberg, J. C. B. Mohr*, 1861, in-8°.
[P. Angrand. **1324**

(Les pays du Bas-Rio Bravo del Norte.)

Ujfalvy (Ch.-E. de). — Le Berceau des Aryas, d'après des ouvrages récents, critique et examen, par Ch.-E. de Ujfalvy. Extrait des « Bulletins de la Société d'anthropologie », séance du 15 mai 1884. — *Paris, imp. de A. Hennuyer*, 1884, in-8°. Pièce.
[P. Angrand. **1325**

Ujfalvy (Ch.-Eug. de). — Principes de phonétique dans la langue finnoise, suivis d'un essai de traduction d'un fragment du Kalévala, par Ch.-Eug. de Ujfalvy,... — *Paris, E. Leroux*, 1876, in-8°. [P. Angrand. **1326**

(*Actes de la Société philologique*, tome VI, n° 1, janvier 1876. — La couverture imprimée sert de titre.)

Ulloa (Antonio de). — Noticias americanas, entretenimientos phisicos-historicos sobre la América meridional y la septentrianal oriental, comparacion general de los territorios, climas y producciones... Su autor don Antonio de Ulloa,... — *En Madrid, en la imprenta de don Francisco Manuel de Mena*, 1772, in-4°. [P. Angrand. **452**

Unanúe (Joseph-Hipólito). — Guia politica, eclesiastica y militar del virreynato del Perú... compuesta de órden del superior gobierno por el doctor don Joseph Hipólito Unanúe,... — *(S. l.,) en la Imprenta real*, (s. d.,) in-12.
[P. Angrand. **1327-1328**

(Années 1794 et 1795.)

Unanúe (Hipólito). — Observaciones sobre el clima de Lima y sus influencias en los seres organizados, en especial el hombre, por el doctor don Hipólito Unanúe,... Segunda edicion. (Abril 2 de 1814.) — *En Madrid, en la imp. de Sancha*, 1815, in-4°.
[P. Angrand. **453**

Uricoechea (Ezequiel). — Memoria sobre las antigüedades neo-granadinas, por Ezequiel Uricoechea. (5 de julio de 1854.) — *Berlin, F. Schneider i Cia*, 1854, in-4°. [P. Angrand. **454**

(Suivi de : *Apendice. Tres capitulos de la tercera noticia de la segunda parte de las « Noticias historiales de tierra firme en el nuevo reyno de Granada, por Pedro Simon, año 1624 ».*)

Vail (Eugène-A.). — Notice sur les Indiens de l'Amérique du Nord... par Eugène-A. Vail,... — *Paris, A. Bertrand*, 1840, in-8°. [P. Angrand. **1329**

Vaillant (Adolphe). — République orientale de l'Uruguay, capitale Montévidéo (Amérique du Sud). Résumé statistique (population, commerce, finances) pour l'Exposition universelle de Paris, par la direction de statistique de la République. (19 février 1878.) — *Montévidéo, imp. de « la Tribuna »*, 1878, gr. in-8°. [P. Angrand. **455**

(Par M. Adolphe Vaillant, directeur du bureau de statistique.)

Valdez y Palacios (Dr José Manoel). — Viagem da cidade do Cuzco a de Belem do Grão Pará pelos rios Vilcamayu, Ucayaly e Amazonas, precedido de hum bosquejo sobre o estado politico, moral e litterario do Perú em suas tres grandes épochas, pelo Dr José Manoel Valdez y Palacios. Continuação do tomo I. — *Rio de Janeiro, typ. de Bintot*, 1845, in-8°.
[P. Angrand. **1330**

(Cet exemplaire, paginé 123 à 244, ne comprend que *l'Essai sur l'état du Pérou*.)

Vallette de Laudun. — Journal d'un voyage à la Louisiane, fait en 1720, par M***, capitaine de vaisseau du roi. — *A La Haye, et se trouve à Paris, chez Musier fils et Fournier*, 1768, in-12. [P. Angrand. **1331**

(Par M. Vallette de Laudun, d'après Barbier.)

Vancouver (George). — Voyage de découvertes à l'océan Pacifique du Nord et autour du monde... exécuté, pendant les années 1790, 1791, 1792, 1793, 1794 et 1795, par le capitaine George Vancouver, traduit de l'anglais par P. F. Henry,... — *Paris, imp. de Didot jeune*, an X, 6 vol. in-8°.
[P. Angrand. **1332-1337**

Varnhagen (Francisco-Adolpho de). — Ainda Amerigo Vespucci, novos estudos e achegas, especialmente em favor da interpretação dada á sua 1a viagem, em 1497-98, ás costas do Yucatan e golfo Mexicano, por F.-A. de Varnhagen, barão de Porto Seguro,... — *Vienna d'Austria, imprensa do filho de Carlos Gerold*, 1874, in-fol. Pièce.
[P. Angrand. **133**

Varnhagen (Francisco-Adolpho de). — Amerígo Vespucci, son caractère, ses écrits (même les moins authentiques), sa vie et ses navigations... par F.-A. de Varnhagen,... (Octobre 1864.) — *Lima, imp. du « Mercurio »*, 1865, in-fol. [P. Angrand. **134**

(Le faux titre porte : *Amerígo Vespucci. Hommage à la justice, à la moralité et à la vérité historique en faveur du nom américain.*)

Varnhagen (Francisco-Adolpho de). — Carta ao exc^mo ministro da agricultura, a respeito principalmente de vários melhoramentos nos engenhos d'assucar das Antilhas, applicaveis ao Brazil. (Segunda tiragem.) (Signé : Francisco - Adolpho de Varnhagen. [26 de março de 1863.]) — *Caracas, imp. de V. Espinal*, 1863, in-8°. Pièce. [P. Angrand. **1338**

Varnhagen (Francisco-Adolpho de). — Examen de quelques points de l'histoire géographique du Brésil, comprenant des éclaircissements nouveaux sur le second voyage de Vespuce, sur les explorations des côtes septentrionales du Brésil par Hojeda et par Pinzon, sur l'ouvrage de Navarrete,... etc., ou Analyse critique du rapport de M. d'Avezac sur la récente « Histoire générale du Brésil » par M. F.-A. de Varnhagen,... — *Paris, imp. de L. Martinet*, 1858, in-8°. [P. Angrand. **1339**

(Extrait du *Bulletin de la Société de géographie*, mars et avril 1858.)

Varnhagen (Francisco-Adolpho de). — Vespuce et son premier voyage, ou Notice d'une découverte et exploration primitive du golfe du Mexique et des côtes des Etats-Unis, en 1497 et 1498, avec le texte de trois notes importantes de la main de Colomb, par M. F.-A. de Varnhagen,... Extrait du « Bulletin de la Société de géographie » (janvier et février 1858). — *Paris, imp. de L. Martinet*, 1858, in-8°. Pièce. [P. Angrand. **1340**

Venegas (Miguèl). — Noticia de la California y de su conquista, temporal y espiritual, hasta el tiempo presente, sacada de la Historia manuscrita formada en Mexico año de 1739, por el padre Miguèl Venegas, de la Compañia de Jesus, y de otras noticias... — *En Madrid, en la imprenta de la viuda de Manuel Fernandez*, 1757, 3 vol. in-4°. [P. Angrand. **456-458**

(La dédicace au roi d'Espagne est signée : *Pedro-Ignacio Altamirano.*)

Vernon (Vice-amiral). — A new History of Jamaica, from the earliest accounts to the taking of Porto Bello, by vice-admiral Vernon,... — *London, J. Hodges*, 1740, in-8°. [P. Angrand. **1341**

Viandes fraîches de bœuf très peu salées. Compañia Sud Americana. Établissement de Montévidéo (Uruguay). — *Paris, imp. de A. de Rivière*, 1878, in-8°. Pièce. [P. Angrand. **1342**

(République orientale de l'Uruguay. Exposition universelle de 1878. Groupe VII, classe 72, n° 211.)

Villagutierre Soto-Mayor (Don Juan de). — Historia de la conquista de la provincia de el Itza, reduccion y progressos de la de el Lacandon y otras naciones de Indios barbaros, de la mediacion de el reyno de Guatimala a las provincias de Yucatan, en la America septentrional. Primera parte, escrivela don Juan de Villagutierre Soto-Mayor,... (Diziembre 3 de 1700 años.) — *En Madrid, en la imprenta de Lucas-Antonio de Bedmar y Narvaez*, 1701, in-fol. [P. Angrand. **135**

(Le titre courant porte : *Reduccion de los Itzaes y Lacandones.*)

Villavicencio (Manuel). — Geografia de la Republica del' Ecuador, por Manuel Villavicencio,... — *New-York, imp. de R. Craighead*, 1858, in-8°. [P. Angrand. **1343**

Viñolas (Pedro). — Teatro. Al ilustrado público de la ciudad de Cuba en testimonio de gratitud y respeto... (Signé : Pedro Viñolas.) — *(S. l. n. d.,)* in-fol. plano. [P. Angrand. **142**

(Imprimé sur soie.)

Virlet d'Aoust. — Coup d'œil général sur la topographie et la géologie du Mexique et de l'Amérique centrale, par M. Virlet d'Aoust. — *Paris, imp. de E. Martinet*, (s. d.,) in-8°. Pièce. [P. Angrand. **1344**

(Extrait du *Bulletin de la Société géologique de France*, 2e série, tome XXIII, page 14, séance du 6 novembre 1865.)

Virlet d'Aoust. — Observations sur un terrain d'origine météorique ou de transport aérien qui existe au Mexique, et sur le phénomène des trombes de poussière auquel il doit principalement son origine. Notes sur le reboisement des montagnes. Par M. Virlet d'Aoust. — *Paris, imp. de L. Martinet*, (s. d.,) in-8°. Pièce. [P. Angrand. **1345**

(Extrait du *Bulletin de la Société géologique de France*, 2e série, tome XV, page 129, séance du 16 novembre 1857.)

Vivien de Saint-Martin. — L'Année géographique. Revue annuelle des voyages de terre et de mer, ainsi que des explorations, missions, relations et publications diverses relatives aux sciences géographiques et ethnographiques, par M. Vivien de Saint-Martin,... Première année. — *Paris*, *L. Hachette*, 1863, in-18.
[P. Angrand. **1346**

Volney (C.-F.). — Tableau du climat et du sol des Etats-Unis d'Amérique, suivi d'éclaircissements sur la Floride, sur la colonie française au Scioto, sur quelques colonies canadiennes et sur les sauvages... par C.-F. Volney,... — *Paris*, *Courcier*, an XII-1803, 2 vol. in-8 .
[P. Angrand. **1347-1348**

Voyage pittoresque dans les deux Amériques, résumé général de tous les voyages de Colomb, Las-Casas, Oviedo, Gomara, Garcilazo de La Vega,... etc., etc., par les rédacteurs du « Voyage pittoresque autour du monde », publié sous la direction de M. Alcide d'Orbigny,... (20 avril 1836.) — *Paris*, *L. Terné*, 1836, gr. in-8°.
[P. Angrand. **459**

Voyages, relations et mémoires originaux pour servir à l'histoire de la découverte de l'Amérique, publiés pour la première fois en français par Henri Ternaux-Compans. — *Paris*, *A. Bertrand*, *etc.*, 1837-1853, in-8°.
[P. Angrand. **1349-1377**

Tome Ier. Narration du premier voyage de Nicolas Federmann le jeune, d'Ulm. *Haguenau*, 1557.
Tome II. Histoire de la province de Sancta-Cruz, par Pero de Magalhanes de Gandavo. *Lisbonne*, 1576.
Tome III. Histoire d'un pays situé dans le Nouveau-Monde, nommé Amérique, par Hans Staden de Homberg, en Hesse. *Marbourg*, 1557.
Tome IV. Relation véridique de la conquête du Pérou et de la province de Cuzco, nommée Nouvelle-Castille, par François Xérès. *Salamanque*, 1547.
Tome V. Histoire véritable d'un voyage curieux fait par Ulrich Schmidel de Straubing. *Nuremberg*, 1599.
Tome VI. Commentaires d'Alvar Nuñez Cabeça de Vaca, adelantade et gouverneur du Rio de la Plata. *Valladolid*, 1555.
Tome VII. Relation et naufrages d'Alvar Nuñez Cabeça de Vaca,... *Valladolid*, 1555.
Tome VIII. Cruautés horribles des conquérants du Mexique. Mémoire de don Fernando d'Alva Ixtlilxochitl. *Mexico*, 1829.
Tome IX. Relation du voyage de Cibola, entrepris en 1540. (Par Pedro de Castañeda de Nagera). Inédit.
Tome X. Recueil de pièces relatives à la conquête du Mexique. Inédit.
Tomes XII et XIII. Histoire des Chichimèques ou des anciens rois de Tezcuco, par don Fernando d'Alva Ixtlilxochitl, traduite sur le manuscrit espagnol. Inédite.
Tome XV. Histoire du Pérou, par Miguel Cavello Balboa. Inédite.
Tome XVI. Second Recueil de pièces sur le Mexique. Inédites.
Tome XVII. Mémoires historiques sur l'ancien Pérou, par le licencié Fernando Montesinos. Inédits.
Tome XX. Recueil de pièces sur la Floride. Inédit.

(Les « Voyages et mémoires originaux » comprenant 20 volumes, la suite des ouvrages mentionnés forme une collection factice pour laquelle la tomaison a été prise sur le dos de la reliure.)

(Tome XXI.) 4 articles détachés de « Nouvelles Annales des voyages », 1840-1843 :
(1) Essai sur la théogonie mexicaine. (Signé : T.-C.)
(2) Vocabulaire des principales langues du Mexique. (Signé : T.-C.)
(3) Notice sur le Yucatan, tirée des écrivains espagnols.
(4) Notice sur la colonie de la Nouvelle-Suède.
(Tome XXII.) Histoire de la république de Tlaxcallan, par Domingo Muñoz Camargo, Indien, natif de cette ville, traduite de l'espagnol sur le manuscrit inédit de la bibliothèque de M. Ternaux-Compans.
(Article détaché de : *Nouvelles Annales des voyages*, tome II, 2e année, 1843.)
(Tome XXIII.) Six articles détachés de : « Nouvelles Annales des voyages », 1841-1842 :
(1) Almanach et guide des étrangers pour la République de Bolivie. *Paz de Ayacucho*, 1838, in-12.
(Compte rendu.)

(2) Catalogue d'ouvrages sur l'histoire de l'Amérique et en particulier sur celle du Canada, par M. J.-B. Faribaut. *Québec*, 1837, in-8°.

(Compte rendu.)

(3) Les Monuments de l'Yucatan, par M. le chevalier Emmanuel de Friederichsthal.

(Compte rendu signé : E — s.)

(4) Rapida ojeada al estado do Sonora, por Ignacio Zuñiga. *Mexico*, 1835, in-4°.

(Compte rendu signé : T.-C.)

(5) Lettre de Santa-Fé, dans le Nouveau-Mexique.

(6) Relation de tout ce qui s'est passé dans l'expédition de la découverte d'Amagua et de Dorado, entreprise par le gouverneur Pedro de Ursua,... suivie du récit de la rébellion de don Fernando de Gusman et de Lope de Aguirre, par Francisco Vasquez, traduit sur le manuscrit inédit de la bibliothèque de M. Ternaux-Compans.

(Tomes XXIV et XXV.) Histoire du Mexique, par don Alvaro Tezozomoc, traduite sur un manuscrit inédit par H. Ternaux-Compans. *Paris*, *P. Jannet*, 1853, 2 vol. in-8°.

(Tomes XXVI et XXVII.) Archives des voyages, ou Collection d'anciennes relations inédites ou très rares, de lettres, mémoires, itinéraires et autres documents relatifs à la géographie et aux voyages... par H. Ternaux-Compans. *Paris*, *A. Bertrand*, (s. d.,) 2 vol. in-8°.

(Tome XXVIII.) Six articles détachés de : « Nouvelles Annales des voyages », 1842-1843 :

(1) Mémoire sur les Indiens ou naturels de la Guyane française.

(2) Au Port de Mazatlan sur l'océan Pacifique, le 29 décembre 1840.

(3) Relation de la conquête du Pérou, traduite de l'espagnol sur un manuscrit inédit de la bibliothèque de M. Ternaux-Compans.

(Attribué à Fr. Marcos de Niza.)

(4) Remonstrance très humble, en forme d'advertissement, que font au roy et à nosseigneurs de son conseil les capitaines de la marine de France.

(5) Voyage dans l'intérieur du continent de la Guyane, chez les Indiens Roucoyens, par Claude Tony, mulâtre libre d'Approuague, publié sur le manuscrit inédit de la bibliothèque de M. Ternaux-Compans.

(6) Voyage dans la Guyane espagnole, par D. Jose Solano, traduit de l'espagnol, sur le manuscrit inédit de la bibliothèque de M. Ternaux-Compans.

(Tome XXIX.) Huit articles détachés de : « Nouvelles Annales des voyages », 1843-1844 :

(1) Lettre de Louis Ramirez sur le voyage de Sébastien Cabot au Rio de la Plata, traduite du manuscrit inédit de la bibliothèque de M. Ternaux-Compans.

(2) Essai sur la Floride du milieu, par le Cte de Castelnau.

(3) Relation du voyage dans la province de Maynas, entrepris en 1809 par le R. P. Jose Leandro Conde,... adressée par lui à l'intendant D. Juan Maria Galves y Montes de Oca, traduite sur le manuscrit inédit de la bibliothèque de M. Ternaux-Compans.

(4) Relation de la découverte et de la conquête du Pérou, extraite de l'ouvrage inédit du P. Pedro Ruiz Naharro,... intitulé : « Apologia por la verdad ».

(5) Voyage en Californie, par D. Pedro Fages, traduit de l'espagnol sur le manuscrit inédit de la bibliothèque de M. Ternaux-Compans.

(6) Matériaux pour servir à la géographie du Pérou.

(7) Mémoire touchant le Canada et l'Acadie envoyé par M. de Meules.

(8) De l'Etat du Pérou avant la conquête. Traduit de l'espagnol sur le manuscrit inédit de la bibliothèque de M. Ternaux-Compans. (Par Polo de Ondegardo.)

(Tome XXX.) Essai sur l'ancien Cundinamarca, par H. Ternaux-Compans. *Paris*, *A. Bertrand*, (s. d.,) in-8°.

(Tome XXXI.) Notice historique sur la Guyane française, par H. Ternaux-Compans. *Paris*, *Firmin-Didot frères*, 1843, in-8°.

(Tome XXXII.) Recueil de documents et mémoires originaux sur l'histoire des possessions espagnoles dans l'Amérique à diverses époques de la conquête... publiés sur les manuscrits anciens et inédits de la bibliothèque de M. Ternaux-Compans. *Paris*, *Gide*, 1840, in-8°.

(Tome XXXIII.) Bibliothèque américaine, ou Catalogue des ouvrages relatifs à l'Amérique qui ont paru depuis sa découverte jusqu'à l'an 1700, par H. Ternaux. *Paris*, *A. Bertrand*, 1837, in-8°.

Wafer (Lionel). — A new Voyage and description of the isthmus of America... by Lionel Wafer. The second edition. To which are added the natural history of those parts... and Davis's expedition to the Gold Mines, in 1702. — *London*, *printed for James Knapton*, 1704, in-8°. [P. Angrand. **1378**

Wafer (Lionel). — Les Voyages de Lionnel Waffer, contenant une description très exacte de l'isthme de l'Amérique et de toute la Nouvelle Espagne, traduits de l'anglois par Mr de Montirat,... — *Paris*, *C. Cellier*, 1706, in-12. [P. Angrand. **1379**

Walckenaer (C.-A.). — Cosmologie, ou Description générale de la terre considérée sous ses rapports astronomiques, physiques, historiques, politiques et civils, par C.-A. Walckenaer,... — *Paris*, *Deterville*, 1816, in-8°. [P. Angrand. **1380**

Waldeck (Frédéric de). — Voyage pittoresque et archéologique dans la province d'Yucatan (Amérique centrale), pendant les années 1834 et 1836, par Frédéric de Waldeck,... — *Paris*, *Bellizard*, *Dufour et Cie*, 1838, gr. in-fol. [P. Angrand. **7**

(Le titre de départ, page 1, porte : *Voyage dans l'Yucatan et aux ruines d'Itzalane.*)

Ward (H. G.). — Mexico, by H. G. Ward, esq., His Majesty's chargé d'affaires in that country during the years 1825, 1826 and part of 1827. Second edition... — *London*, *H. Colburn*, 1829, 2 vol. in-8°. [P. Angrand. **1381-1382**

Warden (D.-B.). — Recherches sur les antiquités de l'Amérique septentrionale, par D.-B. Warden, membre correspondant de l'Académie des sciences de l'Institut royal, etc., etc. (Ouvrage extrait du 2e volume des Mémoires de la dite société.) — *Paris*, *Everat*, 1827, in-4°. [P. Angrand. **460**

Webster (W. H. B.). — Narrative of a voyage to the Southern Atlantic ocean, in the years 1828, 29, 30, performed in H. M. sloop *Chanticleer*, under the command of the late captain Henry Foster,... From the private journal of W. H. B. Webster,... — *London*, *R. Bentley*, 1834, 2 vol. in-8°. [P. Angrand. **1383-1384**

Weddell (H.-A.). — Voyage dans le nord de la Bolivie et dans les parties voisines du Pérou, ou Visite au district aurifère de Tipuani, par H.-A. Weddell,... (1er juin 1853.) — *Paris*, *P. Bertrand*, 1853, in-8°. [P. Angrand. **1385**

Whipple (A. W.). — Extract from a journal of an expedition from San Diego, California, to the Rio Colorado, from september 11 to december 11, 1849, by A. W. Whipple,... — (*S. l.*, 1851,) in-8°. Pièce. [P. Angrand. **1386**

Whittlesey (Charles). — Smithsonian Contributions to knowledge. Descriptions of ancient works in Ohio, by Charles Whittlesey,... Accepted for publication by the Smithsonian Institution, may 1850. — (*S. l. n. d.*,) in-fol. Pièce. [P. Angrand. **136**

Wiener (Charles). — Essai sur les institutions politiques, religieuses, économiques et sociales de l'empire des Incas, par Charles Wiener,... — *Paris*, *Maisonneuve*, 1874, in-4°. [P. Angrand. **461**

Wiener (Charles). — Expédition scientifique française au Pérou et en Bolivie... 1875-1877. Amazone et Cordillères... 1879-1882. Par M. Charles Wiener. — (*S. l. n. d.*,) in-4°. [P. Angrand. **462**

(Recueil de livraisons du *Tour du monde*.)

Wiener (Charles). — Pérou et Bolivie, récit de voyage, suivi d'études archéologiques et ethnographiques et de notes sur l'écriture et les langues des populations indiennes, par Charles Wiener,... (4 août 1879.) — *Paris*, *Hachette*, 1880, gr. in-8°. [P. Angrand. **463**

Wilkes (Charles). — Narrative of the United States exploring expedition during the years 1838, 1839, 1840, 1841, 1842, by Charles Wilkes,... — *Philadelphia*, *Lea and Blanchard*, 1845, 5 vol. in-8°. [P. Angrand. **1387-1391**

Williams (J. J.). — The Isthmus of Tehuantepec, being the results of a survey for a railroad to connect the Atlantic and Pacific oceans, made by the scientific commission under the direction of major J. G. Barnard,... arranged and prepared for the Tehuantepec Railroad Company of New Orleans, by J. J. Williams,... (Feb. 10, 1852.) — *New-York*, *D. Appleton*, 1852, in-8°.
[P. Angrand. **1392**

(Les cartes cotées P. Angrand 1099 paraissent se rattacher à cet ouvrage.)

Williams (Jonathan). — Memoria sobre el uso del termómetro en la navegacion, presentada a la Sociedad filosófica americana de Filadelfia para promover los conocimientos utiles, por Jonathan Williams, uno de sus secretarios, sacada del volumen tercero de sus « Transacciones filosóficas », traducida del idioma ingles... (19 de noviembre 1790.) — *En Madrid*, *en casa de la viuda de D. Joaquin Ibarra*, 1794, in-4°. Pièce. [P. Angrand. **307**

Wilson (Jos.-S.). Rapport du commissaire du bureau général des terres publiques pour l'année 1867, abrégé et publié par ordre du sénat des Etats-Unis. (Signé: Jos.-S. Wilson. [15 octobre 1867.]) — *Washington*, *imp. du gouvernement*, 1869, in-8°. [P. Angrand. **1393**

Ximenez (Le R. P. F. Francisco). — Las Historias del origen de los Indios de esta provincia de Guatemala, traducidas de la lengua quiché al castellano... por el R. P. F. Francisco Ximenez,... exactamente segun el texto español... publicado por la primera vez, y aumentado con una introduccion y anotaciones por el Dr C. Scherzer,... (Setiembre de 1856.) — *Viena*, *C. Gerold é hijo*, 1857, in-8°.
[P. Angrand. **1394**

Young (Edward). — Rapport spécial sur l'immigration, accompagné de renseignements pour les immigrants... et de tables sur le prix moyen des salaires par semaine dans les différents Etats... pendant l'année 1869-70, par Edward Young,... (7 mars 1871.) — *Washington*, *imp. du gouvernement*, 1872, in-8°.
[P. Angrand. **1395**

Yves d'Evreux (Le P.). — Voyage dans le nord du Brésil, fait durant les années 1613 et 1614, par le père Yves d'Evreux, publié... avec une introduction et des notes, par M. Ferdinand Denis,... — *Leipzig et Paris*, *A. Franck*, 1864, in-8°. [P. Angrand. **1396**

(Bibliotheca americana. Collection d'ouvrages inédits ou rares sur l'Amérique.)

GÉOGRAPHIE.

Allemagne. — Carte stratégique de l'Allemagne et de la haute Italie. — *Paris*, *Lanée*, 1866, 1 f[lle] 830 × 720.
[Ge. Angrand. **1**

Amérique. — Carte de l'Amérique septentrionale et méridionale, où se trouvent les voyages de Cook, de Mackenzie, Vancouver, La Pérouse, Parsy et Franklin, ainsi que les découvertes les plus récentes, dressée par Hérisson,... revue, corrigée et augmentée en 1839. — *Paris*, *Hocquart*, (s. d.,) 1 f[lle] 1180 × 860. [Ge. Angrand. **2**

Amérique. — Cartes pour servir à l'histoire de l'Amérique et des colonies jusqu'en 1763. Atlas général, par L. Dussieux, 150, 151 et 152. — *(Paris,)* 1852, 1 f[lle] 300 × 380. [Ge. Angrand. **3**

Amérique. — (Cartes générales et particulières des différents Etats de l'Amérique et du Sud, publiées par la Society of the diffusion of useful knowledge.) — *London*, *C. Knight*, (s. d.,) 28 f[lles] 330 × 400. [Ge. Angrand. **4**

North America.
British north America.
North America, Canada and the United States.
North America. 14 sheets.
The Antilles, or West India islands.
The British islands in the West Indies.
Central America. 2 sheets.
South America. 6 sheets.
South America.

Amérique boréale. — Amérique boréale, pour servir à l'histoire des dernières découvertes, dressée par C.-V. Monin. — *Paris, A. Aubrée,* (s. d.,) 1 f^lle 460 × 330. [Ge. Angrand. **5**

(N° 10.)

Amérique centrale. — Map of central America... shewing the proposed routes betwen the Atlantic and Pacific oceans, by way of Tehuantepeque, Nicaragua and Panama, engraved from the original drawing of John Baily,... — *London, Trelawney Saunders,* nov^r 1850, 1 f^lle 940 × 670 [pliée in-8°]. [Ge. Angrand. **6**

Amérique centrale. — H. Kiepert's Karte des nördlichen tropischen America. A new map of tropical America north of the equator, comprising the West-Indies, Central-America, Mexico, New-Granada and Venezuela... — *Berlin, D. Reimer,* 1858, 1 carte en 6 f^lles de 525 × 480. [Ge. Angrand. **7**

Amérique centrale. — H. Kiepert's neue Karte von Mittel-America. A new map of central America... by H. Kiepert,... — *Berlin, D. Reimer,* 1858, 1 carte en 4 f^lles 1030 × 920. [Ge. Angrand. **8**

(Avec les cartouches suivants :
1. The state of San Salvador and the proposed Honduras railroad from the surveys made in 1853 by E. G. Squier and W. N. Jeffers.
2. Isthmus of Tehuantepec, surveyed for the proposed railway by col. Barnard. 1/1 000 000. 1851.
3. Isthmus and railroad of Panama, from the survey executed in 1849 by colonel G. W. Hughes. 1/400 000.
4. Tract of the proposed interoceanic Canal of the Rio Atrato, surveyed in 1854 by W. Kennish. 1/400 000.)

Amérique centrale. — Carte de l'isthme américain, pour servir à l'étude des divers projets de canaux interocéaniques, par M. Lucien de Puydt,... Publiée par l' « Exposition internationale de 1875 illustrée ». — *(S. l.,)* 1875, 1 f^lle 500 × 340. [Ge. Angrand. **9**

(Dans des cartouches se trouvent une carte d'une partie de l'isthme du Darien... avec le tracé du canal interocéanique sans tunnels ni écluses, par M. Lucien de Puydt,... avec une *Coupe longitudinale du canal colombien projeté...*)

Amérique méridionale. — Amérique méridionale, divisée en ses principales parties... par le Sr Sanson,... présentée à Mgr le dauphin par... Hubert Jaillot. — *Paris, H. Jaillot,* 1719, 1 f^lle 890 × 580. [Ge. Angrand. **10**

Amérique méridionale. — Amérique méridionale, publiée... par le S^r d'Anville. — *Paris, l'auteur,* 1748, 1 carte en 3 f^lles 870 × 1250. [Ge. Angrand. **11**

Amérique méridionale. — Mapa geografico de America meridional, dispuesto y gravado por D. Juan de La Crux Cano y Olmedilla,... 1775. — *(S. l. n. d.,)* 1 carte en 16 f^lles 1750 × 2200. [Ge. Angrand. **12**

(Deux cartouches renferment les plans du Callao de Lima et du *sitio de La Angostura donde se ha establecido el quartel general del R. Orinoco, la poblacion de la Nueva Guayana y fortaleza de S. Gabriel.*)

Amérique méridionale. — Amérique méridionale, dressée par A.-R. Frémin. — *Paris, imp. de P. Bellier,* (s. d.,) 1 f^lle 310 × 230. [Ge. Angrand. **13**

(*Géographie moderne.* Pl. 78.)

Amérique méridionale. — Carte de l'Amérique méridionale, par Delamarche. — *(S. l.,)* 1843, 1 f^lle. [Ge. Angrand. **14**

(N° 36 de l'*Atlas universel.*)

Amérique méridionale. — Carte physique et politique de l'Amérique méridionale, dressée par L. Dussieux. — *(S. l.,)* 1845, 1 f^lle 280 × 390. [Ge. Angrand. **15**

(*Atlas général,* par L. Dussieux. Carte 26.)

Amérique méridionale. — Carte physique et politique de l'Amérique méridionale, dressée par L. Dussieux. — *(S. l. n. d.,)* 1 f^lle 280 × 390. [Ge. Angrand. **16**

(*Atlas général,* par L. Dussieux. 156.)

Amérique méridionale. — Amérique méridionale, dressée par C.-V. Monin. — *Paris, A. Logerot,* (s. d.,) 1 f^lle 450 × 650. [Ge. Angrand. **17**

Amérique méridionale. — Veduta dell'America meridionale. — *Milano, Corbetta,* (s. d.,) 1 f^lle 630 × 440. [Ge. Angrand. **18**

Amérique méridionale. — Nouvelle Carte de l'Amérique du Sud, indiquant les nouvelles divisions politiques et le parcours des bateaux à vapeur américains. — *Paris, V. Clérot,* (s. d.,) 1 f^lle 760 × 540. [Ge. Angrand. **19**

Amérique méridionale. — Nouvelle Carte de l'Amérique méridionale et des îles qui en dépendent... dressée par A.-H. Brué,... revue et corrigée par Ch. Picquet. Nouvelle édition. — *Paris, A.-J. Barthelemier*, 1869, 1 carte en 4 flles de 600 × 880.
[Ge. Angrand. **20**

Amérique méridionale. — Amérique du Sud politique, par L. Bonnefont,... Dressé par A. Vuillemin. — *(Paris,) Lanée*, (s. d.,) 1 flle 260 × 390.
[Ge. Angrand. **21**

Amérique méridionale. — Amérique du Sud. 1/6 500 000. — *Paris, E. Andriveau-Goujon*, 1875, 2 flles de 640 × 470. [Ge. Angrand. **22**

Flle 1. Colombie, Guyane, Venezuela, Equateur.
Flle 2. Pérou, Bolivie.

Amérique méridionale. — Amérique du Sud. 1/10 000 000. — *Paris, E. Andriveau-Goujon*, 1878, 1 carte en 2 flles 640 × 920. [Ge. Angrand. **23**

Amérique septentrionale. — Amérique septentrionale, divisée en ses principales parties... par le Sr Sanson,... Présentée à Mgr le dauphin, par... Hubert Jaillot. — *Paris, H. Jaillot*, 1719, 1 flle 880 × 570. [Ge. Angrand. **24**

Amérique septentrionale. — A Map of the British empire in America, with the french and spanish settlements adjacent thereto, by Henry Popple. — *London, S. Harding and W. H. Toms*, 1733, 1 carte en 20 flles de formats divers, reliée en 1 vol. in-fol.
[Ge. Angrand. **25**

(En tête de ce volume se trouve la carte suivante : *America septentrionalis, a map of the british empire in America, with the french and spanish settlements adjacent thereto, by Hen. Popple.* — (London,) S. Harding and W. H. Toms, (s. d.,) 1 flle 490 × 510.)

Amérique septentrionale. — Amérique septentrionale, publiée... par le Sr d'Anville. — *Paris, l'auteur*, 1746, 1 carte en 2 flles 860 × 860.
[Ge. Angrand. **26**

Amérique septentrionale. — Suite du théâtre de la guerre dans l'Amérique septentrionale, y compris le golfe du Mexique, par M. Brion de La Tour,... — *Paris, Esnauts et Rapilly*, 1782, 1 flle 510 × 740. [Ge. Angrand. **27**

Amérique du Nord. — A Map exhibiting all the new discoveries in the interior parts of North America, inscribed... to the honorable governor and Company of adventures of England trading into Hudsons bay in testimony of their liberal communications to their most obedient... servant A. Arrowsmith,... January 1rst 1795. Additions to 1811, 1818-19. — *London, A. Arrowsmith*, (s. d.,) 1 carte (en 3 flles) 1600 × 1250. [Ge. Angrand. **28**

Amérique septentrionale. — Nouvelle Carte de l'Amérique septentrionale, du Groenland et des îles qui en dépendent... par A.-H. Brué,... — *Paris, Vve Brué*, 1833, 1 carte en 4 flles de 600 × 890. [Ge. Angrand. **29**

Amérique septentrionale. — Amérique septentrionale, dressée par A. Frémin. — *Paris, imp. de P. Bellier*, (s. d.,) 1 flle 310 × 230.
[Ge. Angrand. **30**

(*Géographie moderne.* Pl. 73.)

Amérique septentrionale. — Carte de l'Amérique septentrionale et des Antilles, par Delamarche. — *(S. l.,)* 1844, 1 flle 290 × 440. [Ge. Angrand. **31**

(No 35 de l'Atlas.)

Amérique septentrionale. — Carte physique et politique de l'Amérique septentrionale, dressée par L. Dussieux. — *(S. l. n. d.,)* 1 flle 400 × 290.
[Ge. Angrand. **32**

(*Atlas général*, par L. Dussieux. 154.)

Amérique septentrionale. — Carte physique et politique de l'Amérique septentrionale. — *(S. l.,)* 1845, 1 flle 400 × 290. [Ge. Angrand. **33**

(*Atlas général*, par L. Dussieux. Carte 24.)

Amérique septentrionale. — Amérique du Nord politique, par L. Bonnefont,... Dressé par A. Vuillemin. — *(Paris,) Lanée*, (s. d.,) 1 flle 380 × 260.
[Ge. Angrand. **34**

Amérique septentrionale. — Amérique du Nord. 1/11 000 000. — *Paris, Andriveau-Goujon*, 1877, 1 carte en 2 flles 670 × 920. [Ge. Angrand. **35**

Antilles. — (Atlas factice de cartes relatives aux Antilles, ci-après séparément décrites.) — 1 vol. in-fol.
[Ge. Angrand. **36**

1. Les Antilles et la Guyane, par La Rochette, 1776. Traduit de l'anglais. — *Paris, Le Rouge*, 1779, 1 flle 590 × 700.

2. Les Bermudes, levées par Lemprière, déterminées astronomiquement à Londres en 1775. Traduit de l'anglais. — *Paris*, *Le Rouge*, 1779, 1 f^lle 600 × 460.

3. Les Iles Turques, d'après les levées (*sic*) de 1753 par le sloop *l'Aigle* et *l'Emeraude*... corrigées sur les observations de Ed. Hawke faites en 1770 dans le Shooner royal publié à Londres en 1775. — *Paris*, *Le Rouge*, 1779, 1 f^lle 310 × 460.

4. Les Vierges, levées par les Anglais et par les Danois. Traduit de l'anglais. — *Paris*, *Le Rouge*, 1779, 1 f^lle 590 × 450.

5. Ile St-Christophe ou St-Kitts, levé par Ant. Ravell,... Par Jefferys en 1775. Traduit de l'anglais. — *Paris*, *Le Rouge*, 1779, 1 f^lle 610 × 460.

(Avec un cartouche donnant l'île Nevis, par Jefferys.)

6. Antigue, levée par Robert Baker,... Traduit de l'anglais. — *Paris*, *Le Rouge*, 1779, 1 f^lle 600 × 460.

7. Ste-Lucie, d'après les plans levés par les Anglais lorsqu'ils la possédaient, par Jefferys, en 1775. Traduit de l'anglais. — *Paris*, *Le Rouge*, 1779, 1 f^lle 460 × 600.

(Avec le plan du Carénage.)

8. La Barbade, levée par G. Mayo, gravée par Jefferys. — *Paris*, *Le Rouge*, 1779, 1 f^lle 590 × 470.

9. Bequia ou Becouya, la plus septentrionale des Granadilles, levé en 1763. — *(S. l. n. d.,)* 1 f^lle 460 × 320.

10. Tabago, dressé sur des arpentages nouveaux par Jefferys, en 1775. Traduit de l'anglais. — *Paris*, *Le Rouge*, 1779, 1 f^lle 620 × 480.

11. Curaçao, tiré des originaux hollandais de Van Keulen, dressé sur les dernières observations. Traduit de l'anglais. — *Paris*, *Le Rouge*, 1779, 1 f^lle 600 × 460.

(Avec un cartouche donnant le plan du fort Amsterdam.)

12. Ruattan ou Rattan, levé par Henry Barnsley,... augmenté par Jefferys, en 1775. Traduit de l'anglais. — *Paris*, *Le Rouge*, 1779, 1 f^lle 600 × 460.

(Avec cartouches donnant le plan du port du Nouveau Port-Royal, levé par le lieutenant Barnsley, lorsque les Anglais en prirent possession, en 1742, et la carte de Vieille-Providence et Sta-Catalina.)

13. Carte géographique, statistique et historique de la Guadaloupe. N° 41. Ile de la Guadeloupe, dressée par Pierron, d'après la carte publiée par le colonel Boyer-Peyreleau. — *(Paris,) imp. de J. Carez*, (s. d.,) 1 f^lle 650 × 490.

(Postérieure à 1822.)

14. La Martinique, par les ingénieurs anglais, lorsqu'ils en étaient possesseurs, par Jefferys, 1775. — *Paris*, *Le Rouge*, 1779, 1 f^lle 600 × 450.

15. N° 87. Ile de St-Domingue ou d'Haïti, par A.-M. Perrot. — *(Paris,) L. Duprat-Duverger*, 1825, 1 f^lle 470 × 300.

Antilles. — Carte des îles Antilles dans l'Amérique septentrionale, avec la majeure partie des îles Lucayes, faisant partie du théâtre de la guerre entre les Anglais et les Américains, par M. Brion de La Tour,... — *(Paris,) Esnauts et Rapilly*, 1782, 1 f^lle 760 × 520. [Ge. Angrand. **37**

Antilles. — Antilles ou Indes occidentales, dressées par A.-H. Dufour. — *(S. l.,) imp. de Mangeon*, (s. d.,) 1 f^lle 360 × 260. [Ge. Angrand. **38**

Antilles. — Carte des Antilles, du golfe du Mexique et du Guatemala, dressée par Vuillemin. — *Paris*, *imp. de P. Bellier*, (s. d.,) 1 f^lle 310 × 230. [Ge. Angrand. **39**

(*Géographie moderne*. Pl. 77.)

Bi-Sutoun. — Perse ancienne. Bi-Sutoun. Pl. 15. Plan des abords des ruines de Bi-Sutoun. Dessiné par P. Coste. — *(Paris,) Gide*, (s. d.,) 1 f^lle 300 × 450. [Ge. Angrand. **40**

(Provient de l'*Atlas du Voyage en Perse*, de *MM. Eugène Flandin,... et Pascal Coste,...* 1843-1854.)

Bolivie. — Carte générale de la république de Bolivie, dressée par A. d'Orbigny, d'après ses itinéraires relevés dans le cours des années 1830, 1831, 1832 et 1833... — *Paris*, 1839, 1 f^lle 1000 × 920. [Ge. Angrand. **41**

Bolivie. — Mapa de la republica de Bolivia... levantado y organizado en los años de 1842 a 1859 por... Juan Ondarza,... Juan Mariano Mujia y... Lucio Camacho. — *New-York*, *J. H. Colton*, 1859, 1 carte 1150 × 1520. [Ge. Angrand. **42**

(Avec les plans de Sucre et de La Paz en cartouches.)

Brésil. — Brasilia, qua parte paret Belgis. Brasiliæ geographica et hydrographica tabula nova... quam... delineabat Georgius Marggraphus, germanus... 1643. — *T'Amsterdam*, *Huijch Allart*, 1657, 1 carte en 9 flles 1590 × 1170. [Ge. Angrand. **43**

Brésil. — Brésil, Paraguay et Uruguay, dressés par C.-V. Monin. — *Paris*, *A. Aubrée*, (s. d.,) 1 flle 320 × 460. [Ge. Angrand. **44**

Brésil. — Carte du Brésil, gravée par Thierry. — *(S. l.,)* 1836, 1 flle 300 × 220. [Ge. Angrand. **45**

(No 65.)

Brésil. — Carte du Brésil, dressée par A. Vuillemin. — *Paris*, *imp. de P. Bellier*, (s. d.,) 1 flle 310 × 230. [Ge. Angrand. **46**

(*Géographie moderne*. Pl. 80.)

Brésil. — Carta do imperio do Brazil, reduzida no archivo militar em conformidade da publicada pelo coronel Conrado Jacob de Niemeyer en 1846... — *(S. l.,) imp. de Tourinho*, 1873, 1 flle 620 × 640. [Ge. Angrand. **47**

Cadix. — Plano de Cadiz, publicado por O. F. de Sisto. — *(S. l. n. d.,)* 1 flle 350 × 290. [Ge. Angrand. **48**

Cadix (Environs de). — Mapa de las alrededores de Cadiz, compuesto por A.-H. Dufour,... 1840. — *Madrid*, *imp. de B. Stampa*, (s. d.,) 1 flle. [Ge. Angrand. **49**

(Avec le plan de Cadix en cartouche.)

Cadix. — Plano de Cadiz. — *(S. l. n. d.,)* 1 flle 330 × 300. [Ge. Angrand. **50**

(Fait partie de *Mapa de las alrededores de Cadiz, compuesto por H. Dufour,...* 1840.)

Canada. — Cartes pour servir à l'histoire de la Nouvelle-France ou du Canada jusqu'en 1763, dressées... par L. Dussieux, 1851. — *(S. l. n. d.,)* 1 flle 500 × 190. [Ge. Angrand. **51**

(*Atlas général*, par L. Dussieux. 153.)

Chili. — Chili, Plata, Patagonie, gravé par Thierry. — *(S. l.,)* 1836, 1 flle 220 × 300. [Ge. Angrand. **52**

(No 67.)

Chili. — Chili, Plata et Patagonie, dressé par A. Vuillemin. — *Paris*, *imp. de P. Bellier*, (s. d.,) 1 flle 310 × 230. [Ge. Angrand. **53**

(*Géographie moderne*. Pl. 82.)

Colombie. — Carte de Colombie et des Guyanes, dressée par M. Lapie,... et M. Lapie fils. — *Paris*, *Eymery*, *Fruger et Cie*, 1828, 1 flle 560 × 400. [Ge. Angrand. **54**

(*Atlas universel*. 47.)

Colombie. — Colombie et Guyanes, dressées par C.-V. Monin. — *Paris*, *A. Aubrée*, (s. d.,) 1 flle 470 × 330. [Ge. Angrand. **55**

(9ter.)

Colombie. — Carte de la Colombie et des Guyanes, gravée par Thierry. — *(S. l.,)* 1835, 1 flle 300 × 220. [Ge. Angrand. **56**

(No 64.)

Colombie. — Colombie et Guyanes. — *Paris*, *imp. de P. Bellier*, (s. d.,) 1 flle 310 × 230. [Ge. Angrand. **57**

(*Géographie moderne*. Pl. 79.)

Costa-Rica. — Originalkarte von Costa-Rica, von A. von Frantzius,... redigirt von A. Petermann. 1/1 000 000. — *(S. l.,) C. Hellfarth*, (s. d.,) 1 flle. [Ge. Angrand. **58**

(*Petermann's geographische Mittheilungen*, Jahrgang 1869, Tafel 5.)

Cuba. — Parte de la costa del sud de la isla de Cuba, desde Punta Salinas hasta Cayo Piedras... copiado de los trabajos originales e ineditos del tene de navio Dn Manl Moreno por R. R. — *(Habana,) imp. de la Rl Sociedad patriotica*, (s. d.,) 1 flle 450 × 270. [Ge. Angrand. **59**

Cuba. — (Atlas sans titre, mais devant accompagner l' « Historia fisica, politica y natural de la isla de Cuba... por don Ramon de La Sagra ».) — (*Paris*, 1837,) 1 vol. in-fol. [Ge. Angrand. **60**

Cuzco (Département de). — Mapa del departamento del Cuzco.., por Emilio Colpaert. — *Paris*, *Erhard*, 1865, 1 flle 760 × 950. [Ge. Angrand. **61**

(Avec le plan de Cuzco en cartouche.)

Darien. — Société internationale d'obtention de concession du canal colombien sans tunnel ni écluses. Carte d'une partie de l'isthme du Darien (Etats-Unis de Colombie), avec le tracé du canal interocéanique, par M. Lucien de Puydt,... dessiné par R. Barbot. — *Paris*, *imp. de Lemercier*, 1875, 1 flle 590 × 400. [Ge. Angrand. **62**

Darien (Canal du). — Carte panoramique de l'isthme de Darien central (Etats-Unis de Colombie)... Tracé du canal colombien sans tunnels ni écluses, d'après les travaux de MM. Lucien de Puydt, chef des explorations de l'isthme, et M. Fernand Mougel-bey,... — *(Paris,) société internationale du canal colombien*, (s. d.,) 1 flle 530 × 680.
[Ge. Angrand. **63**

Dunkerque. — Plan de Dunkerque. — *(S. l. n. d.,)* 1 flle manuscrite 490 × 320. [Ge. Angrand. **64**

(xviiie siècle.)

Equateur. — Carte des républiques de l'Equateur et du Pérou, par le Cte Francis de Castelnau. 1/2 500 000. — *Paris, P. Bertrand*, 1855, 1 flle 1080 × 420.
[Ge. Angrand. **65**

(*Expédition dans les parties centrales de l'Amérique du Sud*, par F. de Castelnau. Ve partie. Géographie. Atlas, pl. 26.)

Equateur. — Carta corografica de la republica del Ecuador... destinada a servir de complemento a la obra de geografia del Ecuador publicada del mismo autor doctor Manuel Villavicencio,... — *Nueva York, imp. de F. Mayer*, 1858, 1 flle 1030 × 760.
[Ge. Angrand. **66**

Etats-Unis. — Carte itinéraire du prince Maximilien de Wied dans l'intérieur de l'Amérique septentrionale, de Boston au Missouri supérieur, etc., en 1832, 33 et 34. — *(S. l. n. d.,)* 1 flle 810 × 420. [Ge. Angrand. **67**

Etats-Unis. — Carte des Etats-Unis, dressée par L. Dussieux. — *(S. l.,)* 1846, 1 flle 390 × 290. [Ge. Angrand. **68**

(*Atlas général*, par L. Dussieux, carte 25.)

Etats-Unis. — Topographical Map of the road from Missouri to Oregon, commencing at the mouth of the Kansas in the Missouri river and ending at the mouth of the Wallah Wallah in the Columbia, in vii sections. From the field notes and journal of capt. J. C. Fremont and from sketches and notes made on the ground by his assistant Charles Preuss, compiled by Charles Preuss. — *Baltimore, imp. de E. Weber*, 1846, atlas in-fol. [Ge. Angrand. **69**

Etats-Unis. — Sketch of the march and wagon road of Lt colonel Cooke, from Santa Fe to the Pacific ocean, 1846-7. — *Philadelphia, imp. de P.-S. Duval*, (s. d.,) 1 flle 580 × 300.
[Ge. Angrand. **70**

Etats-Unis. — Etats-Unis, dressés par A.-H. Dufour,... — *Paris, imp. de Mangeon*, (s. d.,) 1 flle 360 × 260.
[Ge. Angrand. **71**

Etats-Unis. — Executive Documents, 1st S., 34th (and) 35th C. — *(S. l. n. d.,)* 2 vol. in-8o. [Ge. Angrand. **72**

(*Maps and surveys of the United-States.*)

Etats-Unis. — Senate Documents. — *(S. l. n. d.,)* 4 vol. in-8o.
[Ge. Angrand. **73**

(2d S., 33d cong., vol. III. 1854-1855.
1rst and 2d S., 34th cong., vol. IV. 1855-1856.
3d S., 34th cong., vol. IV. 1856-1857.
2d S., 36th cong., vol. VII. Pt 2. 1860-1861.
Maps and surveys of the United-States.)

Etats-Unis. — Carte des Etats-Unis et du Mexique, par L. Dussieux. — *(S. l. n. d.,)* 1 flle 390 × 300.
[Ge. Angrand. **74**

(*Atlas général*, par L. Dussieux. 155.)

Etats-Unis. — Carte des Etats-Unis, dressée par L. Dussieux. — *(S. l.,)* 1856, 1 flle 390 × 290. [Ge. Angrand. **75**

(*Atlas général*, par L. Dussieux. 155.)

Etats-Unis. — Nouvelle Carte physique et politique des Etats-Unis et de leurs voies de communication, publiée par J. Barthelemier,... — *Paris, J. Barthelemier*, 1862, 1 flle 980 × 680.
[Ge. Angrand. **76**

Etats-Unis. — Etats-Unis. Dressé par A. Vuillemin. — *Paris, imp. de P. Bellier*, (s. d.,) 1 flle 310 × 230.
[Ge. Angrand. **77**

(*Géographie moderne*. Pl. 75.)

Etats-Unis. — Etats-Unis et Mexique, par L. Bonnefont,... Dressé par A. Vuillemin. — *(Paris,) Lanée*, (s. d.,) 1 flle 380 × 260. [Ge. Angrand. **78**

Etats-Unis. — Carte générale des Etats-Unis et du Mexique, comprenant l'Amérique centrale et les Antilles. Nouvelle édition. — *Paris, E. Andriveau-Goujon*, 1876, 1 carte en 2 flles 940 × 620. [Ge. Angrand. **79**

(*Atlas usuel*, flles nos 30 et 31. *Atlas universel*, flles nos 44 et 45.)

Guatémala. — Valle de Guatemala, levantado por el Sor coronel P. Brun. — *(S. l. n. d.,)* 1 flle calque 130 × 360.
[Ge. Angrand. **80**

Guatémala. — Plano de la antigua ciudad de Guatemala, como era antes de la ruina acaecida el 29 de julio de 1773. De un plano antiguo, cuyo autor se ignora, ha sido copiado el presente por Delfina Luna, año de 1849. — *(S. l. n. d.,)* 1 f[lle] calque 780 × 670. [Ge. Angrand. **81**

(Document précieux.)

Guatémala. — Plano topografico de la nueva ciudad de Guatemala, levantado por Julian Rivera el año de 1842 y corregido por el mismo en 1850. — *(S. l. n. d.,)* 1 f[lle] 660 × 480. [Ge. Angrand. **82**

Guatémala. — Mapa general de la republica de Guatemala, publicado por Maximilian v. Sonnenstern,... — *New-York, G. Kraetzer,* 1859, 1 f[lle] 900 × 800. [Ge. Angrand. **83**

(Avec un plan de la ville de Guatémala.)

Guillaumes. — Plan de la ville et château de Guillaume (Alpes maritimes). (Signé : Lorières d'Astier.) — *Antibes,* 1er décembre 1723, 1 f[lle] manuscrite 1090 × 620. [Ge. Angrand. **84**

Guyane anglaise. — Sketch Map of British Guiana, by Robert H. Schomburgk,... — *London, J. Wyld,* (s. d.,) 1 f[lle] 155 × 275. [Ge. Angrand. **85**

(Publié en 1840, d'après le catalogue des cartes du British Museum.)

Guyane anglaise. — Map of the settled districts of the colony of British Guiana, comprising the counties of Demerara, Essequibo and Berbice, shewing the line of railway on the east coast of Demerara and the projected lines on the west and arabian coasts, compiled from a ms. map of British Guiana by permission of the author sir Robert Schomburgk,... October 1846. — *London, J. Wyld,* (s. d.,) 1 f[lle] 250 × 230. [Ge. Angrand. **86**

Honduras. — Map of Honduras and San Salvador, central America, showing the line of the proposed Honduras interoceanic railway, by E. G. Squier, drawn by D. C. Hitchcock. — *New-York, imp. de Sarouy,* 1854, 1 f[lle] 790 × 530. [Ge. Angrand. **87**

Huallaga. — Plan del curso de los rios Huallaga y Ucayali y de la pampa del Sacramento, levantado por el P. Fr. Manuel Sobreviela,... dado a luz por la Sociedad de los amantes del pais de Lima. — *(Lima,)* 1791, 1 f[lle] 290 × 410. [Ge. Angrand. **88**

(La partie de cette carte relative au cours du Pachitea a été dressée par le père Amici.)

Huallaga. — Plan del curso de los rios Huallaga y Ucayali y de la pampa del Sacramento, levantado por el P. Fr. Manuel Sobreviela,... en 1790, corregido y añadido en 1830... por Dr Amadeo Chaumette-Des-Fossés,... — *Baltimore, imp. de A. Hoen,* (s. d.,) 1 f[lle] 280 × 400. [Ge. Angrand. **89**

(Senate Ex. Doc. n° 36, 2d sess., 32d cong.)

Huallaga. — Map of the rivers Huallaga, Ucayali and Amazon, from the observations of lieut[t] Wm L. Herndon,... drawn by John Tyssowski. — *Baltimore, A. Hoen,* (s. d.,) 1 f[lle] 1480 × 650. [Ge. Angrand. **90**

Hydrographie. — Cartes hydrographiques, publiées par le Dépôt de la marine. — *Paris, Dépôt de la marine,* (s. d.,) 13 f[lles] de formats divers. [Ge. Angrand. **91**

(N°s 818, 1603 à 1614 inclus.)

Kirmanschah. — Perse ancienne. Tak-I-Bostan. Pl. 1re. Plan général de la plaine de Kirmanschah, dessiné par P. Coste. — *(Paris,) Gide,* (s. d.,) 1 f[lle] 300 × 460. [Ge. Angrand. **92**

(Fait partie de l'*Atlas du Voyage en Perse de MM. Eugène Flandin,... et Pascal Coste,...* 1843-1854.)

Lima. — Plano de la ciudad de Lima, capital de la Republica peruana... — *(S. l. n. d.,)* 1 f[lle] 590 × 450. [Ge. Angrand. **93**

Louisiane. — A Map of Louisiana and Mexico. Carte de la Louisiane et du Mexique, dressée par P. Tardieu fils aîné. — *Paris, P.-A.-F. Tardieu,* 1820, 1 f[lle] 790 × 1080. [Ge. Angrand. **94**

Mantoue. — Carte du grand quadrilatère, d'après le colonel Cte Karacsay. — *Paris, Andriveau-Goujon,* (s. d.,) 1 f[lle] 540 × 440. [Ge. Angrand. **95**

Menin. — Plan de Menin. — *(S. l. n. d.,)* 1 f[lle] manuscrite 530 × 390. [Ge. Angrand. **96**

Mexico. — Nouvelles Annales des voyages. Dressé sous la direction de M. V.-A. Maltebrun. Janvier 1863. Plan de Mexico et de ses environs... Esquisse de l'itinéraire de la Vera-Cruz à Mexico, d'après H. Kiepert. Profil de la route de la Vera-Cruz à Mexico. — *Paris, imp. de Becquet,* (s. d.,) 1 f[lle] 290 × 430. [Ge. Angrand. **97**

Mexico (Environs de). — Environs de Mexico et de la Vera-Cruz. Profil de la route de la Vera-Cruz à Mexico. — *Paris, Andriveau-Goujon*, (s. d.,) 1 flle 500 × 280. [Ge. Angrand. **98**

Mexique. — Carte des Etats unis du Mexique, gravée par Thierry. — *(S. l.,)* 1835, 1 flle 300 × 220. [Ge. Angrand. **99**

(No 61.)

Mexique. — Plan of the campaign of the american army in the valley of Mexico, in the months of august and september in the year 1847. Mapa de la campaña del ejercito imbasor de los E. U. del N. en el valle de Mejico, de agosto a setiembre de 1847... por... F. Soto. — *(Mexico,) imp. de Rocha*, (s. d.,) 1 flle 580 × 285. [Ge. Angrand. **100**

Mexique. — Mexique. Dressé par A.-H. Dufour. — *(S. l.,) imp. de Mangeon*, (s. d.,) 1 flle 250 × 360. [Ge. Angrand. **101**

(No 39 de l'*Atlas universel* de Dufour.)

Mexique. — Carte des Etats du Mexique au temps de la conquête en 1521, dressée sous la direction de M. l'abbé Brasseur de Bourbourg,... par V.-A. Maltebrun,... — *Paris, A. Bertrand*, 1858, 1 flle 540 × 410. [Ge. Angrand. **102**

Mexique. — Cuadro historico-geroglifico de la peregrinacion de las tribus Aztecas que poblaron el valle de Mexico... por D. Jose Ramirez,... — *(Mexico,) imp. de Lara*, (s. d.,) 2 fflles 670 × 500. [Ge. Angrand. **103**

(Extrait de *Garcia y Cubas* (*Antonio*). *Atlas geografico, estadistico e historico de la republica mexicana...* Mexico, J. Fernandez de Lara, 1858, 1 vol. in-fol.)

Mexique. — Nouvelle Carte du Mexique, du Texas et d'une partie des Etats limitrophes... par H. Brué,... revue et augmentée par A. Vuillemin. — *Paris, A. Logerot*, 1862, 1 flle 640 × 930. [Ge. Angrand. **104**

Mexique. — Carte du Mexique et des contrées circonvoisines, pour suivre les opérations militaires, par L. Sagansan,... — *Paris, imp. de V. Janson*, 1862, 1 flle 1030 × 680. [Ge. Angrand. **105**

Mexique. — Carte du Mexique, représentant le plateau de l'Anahuac et son versant oriental, par Hi de Saussure, 1862. Dessiné par G. Steinmann. — *Genève, imp. de H. Müllhaupt*, (s. d.,) 1 carte en 2 flles 530 × 570. [Ge. Angrand. **106**

Mexique. — Map of Mexico... corrected to 1862 by H. Kiepert. — *Berlin, D. Reimer*, 1862, 1 flle 700 × 580. [Ge. Angrand. **107**

Mexique. — Carte routière de Vera-Cruz à Mexico (90 lieues), contenant toutes les villes, fermes... auberges... et tous les villages (pueblos) qui se trouvent sur les deux routes par Jalapa et par Orizaba, plan levé en 1846. Dressée et publiée par Bertault, corrigée par le même en 1851, revue janvier 1862 (par M. Angrand). — *(S. l. n. d.,)* 1 flle manuscrite calque 820 × 320. [Ge. Angrand. **108**

Mexique. — Carta general de la republica mexicana, formada por Antonio Garcia y Cubas. 1/2 362 000. — *Mexico, H. Iriarte*, 1863, 1 carte en 4 flles 1540 × 1220. [Ge. Angrand. **109**

Mexique. — Etats unis du Mexique. Dressé par A. Vuillemin. — *Paris, imp. de P. Bellier*, (s. d.,) 1 flle 310 × 230. [Ge. Angrand. **110**

(*Géographie moderne*. Pl. 76.)

Mexique. — Nouvelle Carte du Mexique, du Texas et d'une partie des Etats limitrophes... par H. Brué,... revue et augmentée par A. Vuillemin. — *Paris, Logerot*, 1865, 1 flle 525 × 920. [Ge. Angrand. **111**

Mexique. — Carte du Mexique, dressée au Dépôt de la guerre par M. Niox,... 1/3 000 000. — *Paris, imp. de Vve Ethiou-Pérou*, 1873, 1 carte en 2 flles 1040 × 710. [Ge. Angrand. **112**

Mexique (Ethnographie du). — Mapa del territorio de los Mayas... — *(S. l. n. d.,)* 1 flle calque 520 × 580. [Ge. Angrand. **113**

Mexique (Ethnographie du). — Essai d'une carte ethnographique du Mexique... par V.-A. Maltebrun. 1/7 000 000. — *(S. l.,)* 1864, 1 flle 480 × 340. [Ge. Angrand. **114**

Montevideo. — Plan de la ville de Montevideo (Amérique du Sud), réduit d'un dessin communiqué. — *(S. l.,)* 1820, 1 flle 300 × 210. [Ge. Angrand. **115**

(No 110.)

Neu-Brisach. — Plan du New-Brisac. — *(S. l. n. d.,)* 1 flle manuscrite 630 × 470. [Ge. Angrand. **116**

New-Mexico. — Map of the territory of New Mexico... by lieuts J. W. Abert and W. G. Peck,... 1846-47. — *(S. l. n. d.,)* 1 flle 500 × 640. [Ge. Angrand. **117**

(This map is connected with the map of Senate Documents n° 438, 2d session, 29th congress, published by order of the war department.)

Nicaragua. — Mapa de la republica de Nicaragua... por Maxmilian Sonnenstern. 1859. — *New-York, imp. de G. Kraetzer*, (1858,) 1 flle 740 × 590 [pliée in-8°]. [Ge. Angrand. **118**

Nicaragua. — Mapa de la republica de Nicaragua y parte de las de Honduras y Costa Rica, conteniendo los mejores datos conocidos hasta 1875, dibujado por Pablo Levy,... 1/975 000. — *Paris, Erhard*, (s. d.,) 1 flle 560 × 790. [Ge. Angrand. **119**

Nouvelle-France. — Carte de la Nouvelle-France et de la Louisiane nouvellement découverte, dédiée au roy l'an 1683 par le révérend père Louis Hennepin,... — *(S. l. n. d.,)* 1 flle 470 × 290. [Ge. Angrand. **120**

(Fac-similé par Pilinski.)

Nouvelle-Grenade. — Mapa de la republica de la Nueva Granada, por... Joaquin Acosta. Diseñado por J. B. L. Charle,... 1/2 700 000. — *Paris*, 1847, 1 flle 810 × 610. [Ge. Angrand. **121**

Palenqué. — Carte de Palenqué et des régions voisines. — *(S. l.,)* 1836, 1 flle manuscrite 360 × 360. [Ge. Angrand. **122**

Palenqué (Itinéraire à). — Esquisse de la route de mon voyage aux ruines de Palenqué dans l'état de Chiapas par la rivière Tabasco... (Par M. de Waldeck.) — *(S. l. n. d.,)* 1 flle manuscrite 430 × 480. [Ge. Angrand. **123**

(1836.)

Panama. — Carte de l'isthme de Panama et de Darien et de la province du Choco, réduite d'après le dessin original de M. Augustin Codazzi,... rédigée par Henri Kiepert. — *Berlin, D. Reimer*, 1857, 1 flle 560 × 850. [Ge. Angrand. **124**

Paraguay. — Carte de la partie méridionale de la république du Paraguay, dressée par M. E. Mouchez,... d'après les documents recueillis sur les lieux et les observations faites pendant les trois voyages du *Bisson* en 1857-58-59. — *Paris, Dépôt des cartes et plans de la marine*, 1861, 1 carte en 2 flles 780 × 1120. [Ge. Angrand. **125**

Paraguay. — Carte de la république du Paraguay (cours du Parana et du Paraguay, Amérique méridionale), dressée par M. E. Mouchez,... à l'aide des observations faites et des documents recueillis sur les lieux pendant les trois voyages du *Bisson* en 1857-58-59. — *Paris, Dépôt des cartes et plans de la marine*, 1862, 1 flle 640 × 980. [Ge. Angrand. **126**

Paris. — Plan de Paris fortifié et des communes environnantes. — *Paris, J. Andriveau-Goujon*, 1846, 1 flle 1120 × 830. [Ge. Angrand. **127**

Pérou. — Carte du Pérou et du Haut-Pérou, dressée par M. Lapie,... et M. Lapie fils... — *Paris, Eymery, Fruger et Cie*, 1829, 1 flle 550 × 410. [Ge. Angrand. **128**

(*Atlas universel.* 49.)

Pérou. — Pérou et Bolivia ou Haut-Pérou. Dressé par C.-V. Monin. — *Paris, A. Aubrée*, (s. d.,) 1 flle 450 × 320. [Ge. Angrand. **129**

Pérou. — Pérou. — *(S. l. n. d.,)* 1 flle 200 × 250. [Ge. Angrand. **130**

(Epreuve rognée, toute indication bibliographique a été enlevée.)

Pérou. — Pérou et Bolivia. — *Paris, imp. de P. Bellier*, (s. d.,) 1 flle 310 × 230. [Ge. Angrand. **131**

(*Géographie moderne.* Pl. 81.)

Pérou. — Fondeadores de algunos puertos del Peru. — *Paris, imp. de Janson*, (s. d.,) 1 flle 360 × 510. [Ge. Angrand. **132**

(Pl. 66 de la *Geografia del Peru de Paz-Soldan.* 1862-1864.)

Pichincha. — Excursion au cratère du Rucu Pichincha (Vieux Pichincha), 15 janvier 1845. — *Paris, A. Jenotte*, (s. d.,) 1 flle 400 × 240. [Ge. Angrand. **133**

Plata. — Carte de La Plata, du Chili et de la Patagonie, dressée par M. Lapie,... et M. Lapie fils... — *Paris, Eymery, Fruger et Cie*, 1828, 1 flle 400 × 500. [Ge. Angrand. **134**

(*Atlas universel.* 50.)

Puebla. — Der mexicanische Stat Puebla... redigirt v. H. Kiepert. 1/500 000. — *Berlin, D. Reimer*, (s. d.,) 1 flle 450 × 600. [Ge. Angrand. **135**

Queretaro. — La muy noble... Ciudad de Santiago de Queretaro... — *(S. l. n. d.,)* 1 flle manuscrite 700 × 610. [Ge. Angrand. **136**

Queyras. — Plan du château de Queyras (Hautes-Alpes). — *(S. l. n. d.,)* 1 flle manuscrite 340 × 440. [Ge. Angrand. **137**

(XVIIIe siècle.)

Salvador. — Mapa general de la republica de Salvador, levantado por Maxmilian v. Sonnenstern,... — *New-York, G. Kraetzer*, 1859, 1 flle 750 × 570. [Ge. Angrand. **138**

Salvador. — La Capital del Salvador, con indicacion de las fortificaciones levantadas por el ex-presidte Barrios. Sete 15 de 1863. Dibujo de Ernesto V. J. de van de Geüche. — *Guatemala, imp. M. J. Letona*, (s. d.,) 1 flle 270 × 370. [Ge. Angrand. **139**

Santiago de Cuba. — Plano de la ciudad de Santiago de Cuba, nuevamente corregido y aumentado, gravado por Dn Ls Fco Delmes. — *(S. l.,)* 1840, 1 flle 510 × 340. [Ge. Angrand. **140**

Thibet. — Reise indischer Geodäten nach den Goldfeldern von Tibet, 1867, nach einer Karte von lieut.-col. J. T. Walker,... von A. Petermann,... 1/2 000 000. — *Gotha, J. Perthes*, 1869, 1 flle 190 × 270. [Ge. Angrand. **141**

(*Petermann's Geogr. Mittheil.*, Jahrgang 1869, Tafel 6.)

Titicaca. — La Laguna de Titicaca and the valleys of Yucay, Collao and Desaguadero in Peru and Bolivia, from geodetic and astronomic observations made in the years of 1827, 28, 37 and 38 by J. B. Pentland,... — *London, at the hydrographic office of the Admiralty*, june 8th 1848, 1 flle 790 × 670. [Ge. Angrand. **142**

Yucatan. — Carte du Yucatan et des régions voisines, pouvant servir aux explorations dans ce pays, par V.-A. Malte-Brun. 1/1 500 000. — *Paris, A. Bertrand*, 1864, 1 flle 530 × 450. [Ge. Angrand. **143**

MANUSCRITS

DE LA COLLECTION ANGRAND. (Au Dépt des

Recueil :

Tomes I et II. Lettres, notes et mémoires sur les langues, les antiquités et la géographie moderne de l'Amérique centrale, adressés à la Société de géographie de Paris pendant les années 1831 à 1838, par le colonel Galindo.

Tome III. Planches destinées à être jointes aux 2 vol. précédents.

(Atlas incomplet, en partie reconstitué par M. Angrand.) [Mss. Angrand. **1-3**

3 vol. Papier. XIXe siècle. Tomes I et II, de 320mm sur 196mm; tome III, de 320mm sur 281mm. Tome I, de 78 pages; tome II, de 88 pages; tome III, de 62 feuillets.

Lettres et mémoires de Brasseur de Bourbourg, 1859 à 1865.

(Accompagnés de photographies.) [Mss. Angrand. **4**

1 vol. Papier. XIXe siècle. 270mm sur 220mm, 70 feuillets.

« Idée générale d'une exploration archéologique au Mexique et dans l'Amérique tropicale », par M. Angrand.

(Ms. incomplet.) [Mss. Angrand. **5**

1 vol. Papier. XIXe siècle. 302mm sur 192mm, 235 feuillets.

« Bibliotheca americana. Catalogo de los autores que han escrito de la America en differentes idiomas... compuesta por el coronel D. Antonio de Alcèdo, capitan de Rs guardias españolas, academico de la Rl Academia de la historia. » [Mss. Angrand. **6-7**

2 vol. Papier. 1791. 230mm sur 171mm. Tome I, de 280 feuillets; tome II, de 279 feuillets.

« Libro de sermones predicables sobre los misterios que en la quaresma se celebran desde la Septuagessima hasta el tercer dia de Pascua... compuesto en lengua cakchiquel por el padre fray Antonio del Sal,... dirigido al padre fray Diego del Sal. »

(Ms. ayant appartenu à fray Joseph de Guzman et offert en 1862 à M. Angrand par M. Padilla.)

[Mss. Angrand. **8**

1 vol. Papier. 1643. 205mm sur 140mm, 248 feuillets.

« Vocabulario en lengua kiche y castellana. »

(Ouvrage incomplet, s'arrêtant au milieu de la lettre M.)

[Mss. Angrand. **9**

1 vol. Papier. XVIIe siècle. 215mm sur 150mm, 139 feuillets.

« Vocabulario de la lengua general de los indigenas de la provincia de Quito. » [Mss. Angrand. **10**

1 vol. Papier. 1834. 160mm sur 113mm, 12 feuillets.

« Discurso en que se prueba el derecho que el rey tiene como soberano de valerse del oro y plata de las iglesias de sus reynos y estados, para subvenir a los gastos de la presente guerra, y la obligacion en que se halla la Iglesia de socorrerle. »

(Minute chargée de corrections.)

[Mss. Angrand. **11**

1 vol. Papier. XVIIIe siècle. 370mm sur 265mm, 13 feuillets.

« Atlas guatemalteco en ocho cartas, formadas y grabadas en Guatemala de orden del gefe del Estado C. Dr Mariano Galvez, año de 1832 », por Miguel Rivera-Maestre.

(Imprimé auquel on a ajouté des cartes manuscrites et de nombreuses notes géographiques.) [Mss. Angrand. **12**

1 vol. Papier. XIXe siècle. 227mm sur 300mm, 53 feuillets ou pages.

« Notas geograficas, topograficas, etc., sobre la isla de Pinos. »

[Mss. Angrand. **13**

1 vol. Papier. XIXe siècle. 220mm sur 165mm, 61 pages.

Note sur les antiquités de Kiché et de Tepam-Guatemala (avec 9 planches), par Miguel Rivera-Maestre.

[Mss. Angrand. **14**

1 vol. Papier. 1834. 300mm sur 210mm, 10 pages.

Carton renfermant des notes diverses sur La Plata. [Mss. Angrand. **15**

Papier. XIXe siècle. 14 pièces.

Lettre de M. Angrand sur les Jardins de Lima. [Mss. Angrand. **16**

Ms. autographe. Papier. 1866. 312mm sur 198mm, 11 feuillets.

Noticias de Nutka, por D. José Mariano Moziño. [Mss. Angrand. **17**

1 vol. Papier. XIXe siècle. 340mm sur 210mm, 99 pages.

Recueil :

1° (Fol. 1 à 66.) « Estado del reino de Santa Fe, por el señor Cavallero. »

2° (Fol. 67 à 77.) « Lo importante que es la poblacion y medios que se proponen para conseguirlo en este nuevo reyno de Granada. »

(Attribué au Dr Pedreros.)

3° (Fol. 78 à 119.) « Viage a Orinoco », por Antonio de La Torre.

[Mss. Angrand. **18**

1 vol. Papier. XVIIIe siècle. 302mm sur 207mm, 119 feuillets.

Les « Ruines de Tiahuanaco », par M. Angrand.

(9 cartons renfermant une suite de notes en partie rédigées.)

[Mss. Angrand. **19-27**

Papier. XIXe siècle.

« Descripcion de las antiguidades de Xochicalco... por don Joseph Antonio Alzate y Ramirez. »

(Le ms. est accompagné de 5 dessins calqués.) [Mss. Angrand. **28**

1 vol. Papier. 1791. 322mm sur 197mm, IV-31 pages.

Carton renfermant des notes diverses et des dessins. [Mss. Angrand. **29**

Papier. XIXe siècle. 22 pièces.

Recueil de poésies diverses en espagnol. [Mss. Angrand. **30**

1 cahier. Papier. XIXe siècle. 220mm sur 180mm, 12 feuillets.

INVENTAIRE

DES

DESSINS, ESTAMPES, LITHOGRAPHIES, PHOTOGRAPHIES

COMPOSANT LA COLLECTION ANGRAND.

1° Un portefeuille de très grand format, recouvert de feuilles de parchemin tirées d'un livre liturgique, contenant :

2 photographies, grand format, provenant de l'ouvrage de D. Charnay sur les cités et ruines américaines (États du Yucatan et d'Oajaca. Mexique, Amérique septentrionale).

1 épreuve de la Bataille de Constantin, peinte par Raphaël, gravée par A. Banzo.

8 planches lithographiées tirées de « la Grèce, vues pittoresques... par O.-M. Bon de Stackelberg », 1834, in-fol.

11 dessins lavés, gravures et lithographies de navires, barques, marines et détails divers.

2 dessins lavés, représentant la façade et une colonne du temple d'Agrigente, datés de 1814, plus 16 dessins et gravures divers d'architecture.

1 vue lithographiée de la baie de la Madeleine (Spitzberg).

1 vue lithographiée du mouillage de Bône (1833).

2 dessins au trait, à la plume, de la vallée du Grésivaudan et de Voreppe. Juillet et août 1820.

1 dessin au trait, à la plume, de la vallée de la Solle, forêt de Fontainebleau (1820 ?).

1 vue de la ville de Guatemala, gravure lithographique, imprimée chez E. Bourgeois (Guatemala, Amérique centrale).

1 vue de Valparaiso, lithographiée par B. Lauvergne (Chili, Amérique méridionale).

En dernier lieu, sur le Mexique, ce portefeuille contient :

2 dessins de M. Waldeck : l'un lavé, l'autre à la pierre noire, tous deux rehaussés de blanc.

1 planche lithographiée, représentant des ornements probablement mexicains.

1 épreuve d'une gravure inédite (?) d'après un dessin de M. Waldeck.

1 gravure représentant une peinture hiéroglyphique mexicaine.

14 épreuves d'une planche lithographiée qui paraît représenter des objets mexicains.

2° Un portefeuille in-fol., contenant :

35 photographies provenant de l'ouvrage de D. Charnay sur les cités et ruines américaines (Mexique, Amérique septentrionale).

3 photographies d'après des ruines de Xochicalco (Mexique, Amérique septentrionale).

3° Un portefeuille in-fol., recouvert de feuilles de parchemin tirées d'un livre liturgique, contenant :

5 photographies, vues de la ville de Mexico (Mexique, Amérique septentrionale).

4 photographies, d'après deux façades d'églises et un cloître de Mexico, plus une vue du palais de Fernand Cortez, à Cuernavaca (Mexique, Amérique septentrionale).

17 photographies : costumes, vue d'un monument et objets divers (Pérou, Amérique méridionale).

4° Un portefeuille in-fol., contenant :

36 dessins à la mine de plomb, à la plume ou lavés, représentant les ruines de Tiahuanaco, collés sur des feuilles de papier bulle, plus une table, et 3 pages de mesures, 1857-1858 (Bolivie, Amérique méridionale).

15 feuilles de croquis à la mine de plomb ou lavés, de notes et mesures, ayant rapport aux ruines de Tiahuanaco.

4 calques, d'après des détails des ruines de Tiahuanaco.

11 planches d'un ouvrage sur les ruines de Tiahuanaco, imprimé à Paris, chez Beillet.

5° Un portefeuille in-fol., contenant :

La Havane, Ile de Cuba (Grandes Antilles).

4 dessins : l'un colorié, les autres à la mine de plomb plus terminés que les suivants et représentant des vues de la Havane. 1839-1843.

8 croquis à la mine de plomb, l'un colorié. Vues de la Havane. Scène de mœurs. 1839-1843.

5 lithographies de F. Mialhe, dont 3 représentent des vues de la Havane, la 4e une vue des bains de San Diego (Cuba), et la 5e un Guaciro.

Guatemala, Amérique centrale.

1 vue de Guatemala(?) dessin à la plume, rehaussé de blanc et lavé, 1858-1862.

2 dessins à la mine de plomb, rehaussés de blanc.

2 vues de Guatemala, lithographiées par Dupressoir, d'après les croquis de Van Lockhorst.

Port-Lamar ou Cobija, Bolivie (Amérique méridionale).

1 croquis mine de plomb, 1834.

1 croquis sans indication de lieu, de provenance douteuse.

Santiago, Chili (Amérique méridionale).

14 croquis à la mine de plomb. Vues de monuments, places et costumes de mineurs de Copiapo, 1834.

1 vue de Valparaiso, croquis à la mine de plomb, lavé.

Tucuman (?), La Plata ou République argentine (Amérique méridionale).

1 croquis à la mine de plomb, représentant des paysans à cheval à la porte d'une église.

Mendoza, La Plata... (Amérique méridionale).

3 dessins à la mine de plomb : deux vues rehaussées de blanc et un costume de Mendozino, 1834.

Arequipa, Pérou (Amérique méridionale).

5 croquis à la mine de plomb, vues, 1834.

Arica, Pérou (Amérique méridionale).

1 dessin à la mine de plomb. Balsas (canots), 1834.

Chincheros, Pérou (Amérique méridionale).

1 feuille de croquis, mine de plomb.

Choquequirao, Pérou (Amérique méridionale).

2 feuilles de croquis à la mine de plomb, 1847.

Concacha, Pérou (Amérique méridionale).

3 feuilles de croquis à la mine de plomb, 1847.

Incahuasi, Pérou (Amérique méridionale).

1 feuille de croquis, mine de plomb.

Lima, Pérou (Amérique méridionale).

9 dessins assez terminés, à la mine de plomb, au crayon noir ou coloriés, représentant des monuments ou des places de cette ville, 1838-1847.

62 croquis à la mine de plomb, quelques-uns lavés ou coloriés, représentant des monuments, des places, des costumes ou scènes de mœurs, 1838-1847.

Ollantaïtambo, Pérou (Amérique méridionale).

7 feuilles de croquis à la mine de plomb, 1847.

Silustani, Pérou (Amérique méridionale).

2 photographies.

Vilcas-Huaman, Pérou (Amérique méridionale).

13 feuilles de croquis à la mine de plomb, plans, vues, etc... 1847.

Yanacocha (Lac de), Pérou (Amérique méridionale).

2 dessins à la mine de plomb, dont l'un très à l'effet et rehaussé de blanc, 1839.

Voyage de Lima (Pérou) à Sucre ou Chuquisaca (Bolivie, Amérique méridionale), 1847-1849-1862.

17 dessins ou croquis à la mine de plomb, parmi lesquels 1 d'Urubamba, 1847-1862, 1 d'Ayacucho, 1847, 2 de Tacna, 1849, et 2 de Cuzco, 1847, sont plus terminés. Vues, paysages, costumes.

Un cahier de chants des Indiens Chiquitos (Bolivie), mis en musique.

6° Album sans n° d'ordre.

Sur le dos on lit : Liverpool, 1822. Cadix, 1832. Lima, 1834-1839.

34 feuillets contenant des indications de villes, de costumes, des figures de perspective, des notes...

7° Album n° 8 :

Rio-de-Janeiro (Brésil), 1834. Chili, 1834. Lima (Pérou), 1836-1838.

50 feuillets contenant des dessins ou croquis à la mine de plomb (un seul est colorié), représentant des vues de villes, paysages, scènes de mœurs, costumes.

8° Album n° 9 :

Lima (Pérou), 1838. Voyage à la Sierra (Pérou), 1839. Voyage de Lima (Pérou) à Cuba (Grandes Antilles), 1839. La Havane et Santiago de Cuba (Grandes Antilles), 1839-41-42.

81 feuillets contenant des dessins à la mine de plomb et lavés. Vues de villes, paysages et costumes.

9° Album n° 11 :

Lima (Pérou), 1837 et 1838.

22 feuillets de notes et croquis à la mine de plomb.

10° Album n° 12 :

Lima (Pérou), 1836 et 1837.

22 feuillets de notes et croquis à la mine de plomb.

11° Album n° 13 :

La Havane et Santiago de Cuba (Grandes Antilles), 1841-1842.

72 feuillets, dont les 13 premiers seuls portent des notes ou croquis à la mine de plomb. Monuments ou costumes.

12° Album n° 15 :

La Havane (Grandes Antilles), 1841. Sucre ou Chuquisaca (Bolivie), 1848. Voyage de Sucre (Bolivie) à Tacna (Pérou), 1848. Tiahuanaco (Bolivie), 1848-1849. Panama (Amérique centrale). Tacna (Pérou), 1849.

50 feuillets contenant des indications à la mine de plomb de vues de villes, paysages, monuments, costumes.

13° Album n° 16 :

Potosi (Bolivie), 1848. Voyage de Sucre (Bolivie) à Tacna (Pérou), 1848 à 1849. Tiahuanaco (Bolivie), 1848-1849.

46 feuillets contenant des indications à la mine de plomb. Vues de villes, costumes, monuments, détails d'architecture.

14° Album n° 17 :

La Havane (Grandes Antilles), 1841. Voyage de Lima (Pérou) à Chuquisaca (Bolivie), 1847 à 1848. (Vilcashuaman-Chocquequirao.)

62 feuillets contenant des notes, croquis et indications à la mine de plomb, représentant des vues, paysages, costumes, monuments et détails.

15° Album n° 18 :

La Havane et Santiago de Cuba (Grandes Antilles), 1839 à 1842. Voyage de Lima (Pérou) à Chuquisaca (Bolivie), 1847. (Concacha, Chocquequirao et Ollantaïtambo.)

58 feuillets contenant des dessins et croquis à la mine de plomb (un colorié), représentant des vues de villes, paysages, monuments, détails d'architecture, scènes de mœurs.

16° Album n° 20 :

Cuzco (Pérou), 1847. Voyage en Bolivie. Tacna (Pérou), 1849.

68 feuillets de croquis à la mine de plomb. Monuments, détails d'architecture, vues et costumes.

17° Album n° 21 :

Guatemala (Amérique centrale), 1851-1854. Antigua.

45 feuillets, dont les 23 premiers contiennent des notes ou indications à la mine de plomb de monuments, costumes...

18° Album n° 22 :

Sans indications sur le dos, mais plusieurs croquis sont datés de Zacapa et Antigua (Guatemala), 1851-1853.

61 feuillets, dont 21 seulement contiennent des indications de paysages ou costumes.

19° Album n° 23 :

Guatemala (Amérique centrale), 1853. Antigua, 1854.

52 feuillets contenant (les 8 premiers seulement) des indications de costumes ou de paysages.

20° Album, sans indication de classement.

28 feuillets contenant un itinéraire de Guyaquil (Équateur) à Bogota (Nouvelle-Grenade), 1825, attribué au colonel Hall, au service du gouvernement colombien.

Dessins à la plume et lavés, plus quelques indications à la mine de plomb.

21° Etui en cartonnage brun, contenant une notice descriptive et 24 vues stéréoscopiques des ruines de Copan (Honduras, Amérique centrale).

22° Album petit in-fol., demi-reliure en maroquin rouge, contenant :

Costumes péruviens, scènes de la vie religieuse et populaire à Lima. 1re partie, 1834-1837.

60 feuillets représentant des costumes ou scènes de mœurs, le premier lithographié, les autres coloriés, datés de 1834 à 1849.

23° Petit portefeuille contenant :

Costumes péruviens, scènes de la vie religieuse et populaire à Lima, 2e partie, 1837 à 1849.

48 feuilles volantes représentant des costumes et scènes de mœurs coloriés, datés de 1836 à 1837.

Plus, deux cahiers manuscrits de description de ces costumes, formant 35 pages de texte.

24° Un album in-fol. oblong, relié en veau fauve, sur le dos duquel est imprimé : Guatemala, 1852, ne contenant que du papier blanc.

25° Seize boîtes de fiches actuellement à la Section de Géographie.

Nogent-le-Rotrou, imprimerie Daupeley-Gouverneur.

www.ingramcontent.com/pod-product-compliance
Ingram Content Group UK Ltd.
Pitfield, Milton Keynes, MK11 3LW, UK
UKHW012100240726
13965UKWH00004B/1437